本书为作者在浙江大学攻读博士学位期间学术成果

晚清以来浙南三县菇民身份意识的演变

史文韬 著

西泠印社出版社

目　录

绪　论
　　第一节　选题缘起及意义……………………………………… 1
　　第二节　学术回顾……………………………………………… 7
　　第三节　研究材料及思路……………………………………… 14

第一部分　菇民经济
　第一章　菇业技术的起源与发展……………………………… 21
　　第一节　砍花法起源年代辨正………………………………… 22
　　第二节　砍花法的技术演进…………………………………… 26
　　第三节　行业隐语"山寮白"………………………………… 33
　　小　结…………………………………………………………… 35
　第二章　菇民的生产组织形式………………………………… 36
　　第一节　菇厂…………………………………………………… 36
　　第二节　菇行…………………………………………………… 45
　　第三节　菇帮…………………………………………………… 53
　　第四节　菇民的田地与山林…………………………………… 56
　　小　结…………………………………………………………… 61

第二部分　晚清菇民身份发展的两个面向
　第三章　边缘与主流：晚清菇民宗族的面貌………………… 65
　　第一节　菇民宗族的发展历程：以蛟垟叶氏、下田周氏为例… 65
　　第二节　隐藏的菇民叙事……………………………………… 75
　　小　结…………………………………………………………… 81

— 1 —

第四章 菇神崇拜与菇民文化 ····················· 82
　　第一节 刘伯温与"讨皇封" ····················· 83
　　第二节 菇神吴三公的传说及其构建 ··············· 89
　　第三节 菇民谣谚和戏剧 ······················· 103
　　小 结 ······························· 108

第三部分 民国时期"菇民化"之曲折

第五章 民国基层政权组织的建设与菇民化的停滞 ····· 111
　　第一节 "菇民化"的停滞 ····················· 111
　　第二节 菇乡教育与宗族 ····················· 115
　　第三节 菇乡科层化的尝试与曲折 ··············· 139
　　小 结 ······························· 154

第六章 菇业危机下对"菇民"的发现 ················ 155
　　第一节 传统菇民形象的创造 ··················· 156
　　第二节 从菇业合作社到香菇职业工会 ············ 162
　　小 结 ······························· 175

第四部分 当代"菇民"概念的形成

第七章 溯源追远：当代"菇民"身份的构建 ············ 179
　　第一节 政府主导下的菇业技术革新 ·············· 179
　　第二节 菇业及菇民历史的重构 ················· 184
　　小 结 ······························· 201

结 论 ··································· 202

参考文献 ································· 206

绪 论

第一节 选题缘起及意义

本文肇始于笔者考察龙泉地区的五显信仰过程中,在地方文史工作者所编撰的各类书籍中,不仅普通的农民对五显神格外尊崇,生活在龙泉南部群山中的以种植香菇为业的群体——"菇民",形成了更为严密的五显神祭祀和管理组织,即"三邑菇帮"。所谓三邑,指的是龙泉、景宁和庆元这三个相邻的县。在三个县交界的群山之间,几乎每个村庄都参与到菇业生产之中。本文所主要讨论的地域——龙南乡(现包括民国时期的龙溪乡),便位于这片山区之中,是新中国成立之前龙泉的主要菇民来源地之一。该乡地处武夷山系洞宫山脉中段,境内山峦起伏,群峰壁立,地势自西北向东南倾斜,平均海拔1012米,有千米以上山峰38座。蛟蜥源、南坑、黄坑三条小溪由北向南呈川字形流入景宁县境。龙南乡耕地稀少,多分布于溪谷山塆,梯田居多,山高水冷,日照不足,无霜期短,只宜种单季稻。民国及之前,该地区便一直是缺粮地区。其他二县的环境与此相差不远,在艰苦的环境下,大部分壮劳力唯有外出种菇以求存活。在这些地区,高达百分之九十的丁口都从事与香菇相关的劳作。由于种植香菇所需生产环境的特殊性,导致这十数万人有着一些与其他地区居民截然不同的习惯。最常为人道的有三:一是外出种菇。这一点在民国时期庆元县县长陈国钧的《菇民研究》中有着极为生动的描述:

每当冬初黄叶飘零之时,我们常见浙东的龙庆公路上,蜿蜒着一群形容枯槁、鹑衣百结的队伍，他们有的挑着漆黑饭锅，有的挑着状如流苏的破棉絮，有的背上负着沉重的包裹，有的手提着褐色的篾篮，老的、幼的、男的、女的，拖着他那沉重的脚步，这便是菇民们走上菇山途径的一瞥。[1]

菇民在秋稻收割完毕之后，便要远赴他乡的深山老林之中，直到每年的清明时节才会归乡。这种特别的生产方式影响菇民生活的方方面面。

第二是其独特的语言系统"山寮白"。这是一种为了防止泄露种菇秘法而在菇民内部流传的一种语言，就连其不从事种菇的妻子，亦不得与闻。但是这并非是一种全然不同的语言，而是一种根据当地方言的单词重新组合而来的密语。

图1 三县菇民区大致范围[2]

第三，菇民独特的信仰也受到许多地方文史工作者的关注。其崇拜

---

[1] 陈国钧：《菇民研究》，庆元县政府，1948年，第6页。
[2] 资料来源：张寿橙：《中国香菇栽培史》，杭州：西泠印社出版社，2013年，第14—15页。

绪　论

的五显大帝、刘伯温和吴三公等神灵添加了许多菇民独有的色彩，从而适配菇民精神上与现实中的需求。

长期以来，人们更加关注香菇的种植技术及菇民群体某些异乎寻常的文化特征，对于菇民的历史以及其生活却缺乏了解。在人们眼中，菇民更像是悬于三县边界处的一类特异群体，两者认知之间的鸿沟阻止他们进一步探索菇民在此区域的历史过程。可以说，他们并未意识到菇民这些奇异的表征并非是其全貌，而不过是菇民内部运作所泄露出来的一点较为耀眼的火花罢了。

清代，菇民通常被归类为棚民，雍正五年（1727）王国栋奏称："查棚民多系福建、江西之人，在各处山乡租地搭棚，居住垦作者，皆以种麻、种箐、栽烟、烧炭、造纸张、作香菇等务为业"[1]，《清史稿》也明确说："棚民之称，起于江西、浙江、福建三省。各山县内，向有民人搭棚居住，艺麻种箐，开炉煽铁，造纸制菇为业。"[2]《三省边备要览》也将这些种菇之人归入种箐造纸的棚民一类。治下菇民进入地方政府的视野，当追溯至乾隆四十三年（1778）《景宁县志》之记载："乡民货香菌者，曩时皆于江右闽广，今更远在川陕楚襄间，邑虽产此，实则有之仅也。其业至苦，始则相山度木，有产蕈者以重直得之，依林结厂，以冬伐木制造，踰三数载蕈始生。然必地气善，雪晴以时，乃大发生。否则丧其资本。岁以夏月货毕，秋抵家，一临存留月即行矣。"[3]嘉庆《庆元县志》也提到"旧时屠贩经纪，惟无恒产者藉以糊口，今则垄断居奇，皆出有力之家。居乡者以制蕈为业，老者在家，壮者居外，川陕云贵无所不历。跋涉之苦甘如饴，焉视其所获十，难居五。大抵庆邑之民多仰

---

[1]《世宗宪皇帝朱批谕旨》卷174，《景印文渊阁四库全书》第423册，台北：台湾商务印书馆，1986年，第92页。
[2] 赵尔巽等撰：《清史稿》，北京：中华书局，1976年，第3483页。
[3] 乾隆《景宁县志》卷2《风土志》，清乾隆四十三年刻本，叶22b。

食于蕈山"[1]，"行商以种蕈为业"[2]。这些记载生动地描绘了菇民的生产过程，揭示出其与一般农民在生产以及生活方式上的巨大差异。政府对菇民面貌之叙述亦有所不同，对于流入地政府，菇民的异类色彩更加强烈，所谓"棚民""浙客"等称谓反映了当地政府将菇民视作不同于普通民众的外来者群体。而流出地政府则多将其视为"四民"之一的"商"。总体而言，政府并未将菇民归入如疍民畲民一类的族群，而始终将其作为自己治下的编户齐民看待。

政府和主流社会的看法深刻地影响了菇民自身的认知。晚清至民国，在族谱和档案中，菇民同样没有表露出除了种菇之外相对于其他群体的特别之处。

不过，随着菇业趋于极盛，菇民难免显露出一点自身特色来，比如他们采用"菇帮同仁"这一更加组织化的称呼来描述自己。于菇民而言，其所从事的行业推着他们早早迈入了商品经济的大潮中，并在一定程度上摆脱了地域的限制，形成了超地域的联合组织——三邑菇帮。这个结社的形成原因和过程，在文本上难寻只言片语，只留下菇民"大闹九江府"的传说，但想必和传统行会的形成有一定的相似之处。这个特殊的行业组织，表现出地域、血缘与行业的多重结合，它的范围，已经不单指种植香菇的人了。比如，一个身处菇民区的人其实不从事香菇种植，但其祖上有着种植香菇乃至贩售香菇的传统，那此人也可被视作菇民。但是，若远离菇民区，就算此人世代做菇，也算不得是菇帮的一员。总而言之，菇帮这个概念，已经从单纯的经济组织，逐渐向一个文化认同转变，而这个认同的核心，就是立于各村的五显大帝庙。所有的菇厂，都要留出半股"大帝爷股"，供五显神享用；

---

[1] 嘉庆《庆元县志》卷7《风土志》，清嘉庆六年刻本，叶2a。
[2] 同上，叶3a。

菇帮商议的场所，也在庙中；庙中之庙祝，在乡间也有着部分行政和司法的权柄。除此以外，菇民创造出排他的菇神吴三公，更加彰显其试图划分群体边界的意愿。

这两种身份划分根源在于菇民的经济多样性。另外，葛兰西所提出的"霸权"也深刻影响了菇民与经济方面不相称的自身形象塑造。何谓"霸权"呢？按一般的理解，便是社会统治集团控制社会的方式。葛兰西认为："一个社会集团的最高权力通过两个方面表现出来，即'统治'的方面和'精神、道德领导'的方面。"在此基础之上，葛兰西进一步阐述为："每个国家都是伦理国家，因为它们最重要的职能就是把广大国民的道德文化提高到一定的水平，与生产力的发展要求相适应，从而也与统治阶级的利益相适应。学校具有正面的教育功能，法院具有镇压和反面的教育功能，因此是最重要的国家活动；但是在事实上，大批其他所谓的个人主动权和活力也具有同样的目的，它们构成统治阶级政治文化霸权的手段。"[1] 政治和文化霸权同样在菇民构建自身身份的历程中发挥了主要作用。我们看到，在菇民宗族和信仰的建构过程中，显然深受主流文化的影响；在菇民认知的发展过程中，也离不开国家政权的在政治组织与学术领域上的干预。然而，正如葛兰西所言，文化霸权是经由妥协而非根除民间文化来达成的[2]。在这一妥协过程中，出于自身利益的考量，菇民借由政治、文化霸权的素材逐渐发展出一套有别于正统的文化与身份认知体系，但总体而言，从为数不多的菇民文字材料上看，菇民对主流社会与文化有着强烈的归属感和认同感，并未将自己视作如畲民、疍民等族群。不过，与葛

---

[1] （意）安东尼奥·葛兰西著；曹雷雨，姜丽，张跣译：《狱中札记》，郑州：河南大学出版社，2016年，第213页。
[2] 刘永华：《礼仪下乡：明代以降闽西四保的礼仪变革与社会转型》，北京：生活·读书·新知三联书店，2019年，第16页。

兰西聚焦于文化霸权不同，本文也关注民国时期政权组织在菇乡建立的过程中，即政治霸权对菇民的影响。

基于此，本文所覆盖的主要事件，大多落于晚清及之后。这近百年，三邑菇业经历了走向极盛而后跌落谷底的转折，也是在这一时期，菇民发展了自己的宗族、信仰及菇帮组织，然后又在国内外政治、经济环境的变化中遇到了很大挑战。在此过程中，我们可以观察到"霸权"对菇民的影响。

不过，在讨论这一影响之前，务必要梳理构成菇民文化基础的菇业经济之历史。正是菇业独特的生产方式，使得菇民表现出了更多的异质性。但是，菇民除了菇业之外，依然从事耕田等一般营生，这就使得菇民在倒向主流社会一面时显得毫无窒碍，在文化上表现出的便是耕读传家理念的流行和菇业经营的隐藏。

第一是探讨菇民宗族与信仰的发展。如上文所言，菇民经济的二重特性带来的是菇民文化的双重性。在菇民宗族中，主流文化的影响更为明显，菇业经济独特的要求则更多反映在菇民信仰中。但是，就算是较为独特的菇神，其亦大量挪用了当地流传已久的传说故事与神明形象。

第二是菇民与政府的互动关系。菇民地处三县边界，在这片"山高皇帝远"的地域，县政府的施政手段和政策的推广必然受到很大限制。尽管如此，此后，国民政府不断向菇乡渗透其权威，通过教育、党组织和保甲制度等手段，试图清理原有的乡村秩序，依靠建立一系列的正规组织，将国家权力延伸至基层之中。在此情况下，菇民的生活发生了很大的改变，但是，菇民仍然利用种种手段缓冲了这些政策带来的影响，如以宗族组织为核心的校产委员会和依靠血缘关系发展的国民党组织，这表明，菇民并非全盘接受政府对其的改造，而是在一定程度上套用了正规组织的外壳，在内核上则将其改造为自己熟悉的模式。

总而言之，即使身处一个相对封闭的环境，经济与政治大势依然席卷了菇民的方方面面，其自我身份认知亦随着外界形势的变化而变化。

第二节 学术回顾

一、菇民研究回顾

菇民这一群体，由于种种原因，长期未受到学者关注，虽然针对菇民的研究起步较早，但进展缓慢，多集中于梳理菇业之发展，对于菇民社区的内部运作一直缺乏研究，至于探讨菇民自我认知的变化的论著更是难觅其踪。他山之石，可以攻玉，为了更好地了解菇民身份认知理论的发展，势必要借鉴其他职业群体如棚民、疍民乃至某些少数民族如畲族的研究。

1924年，龙泉菇民叶耀廷写就的《菰业备要全书》中以歌谣的方式介绍了种种菇民生活生产的常识，[1] 之后农学家李师颐在其改进菇业生产的书中也零星提到菇民的生活状态。[2] 最早的对于菇民生活和生产状况的综合性研究，当属上文提到的陈国钧《菇民研究》一书。这本小册子主要对于菇民的身份作了定义，并简要介绍了菇民的生产经营活动及其信仰，可谓菇民研究的开山之作。但是，新中国成立后，对于菇民的研究基本停滞，直到改革开放之后，龙庆景三县政协编撰了各类文史资料，其中有不少对于菇民的探讨，主要集中于菇民的生产经营以及历史、信仰等方面的描述。[3]

---

[1] 叶耀廷：《菰业备要全书》，龙泉：龙泉徐同福石印局，1924年。
[2] 李师颐：《改良段木种菇术》，上海：中国农业书局，1939年。
[3] 庆云：《菇行见闻》，《庆元文史》编辑部：《庆元文史》第7期，1986年，第41页。

张寿橙的《中国香菇栽培史》是继《菇民研究》之后又一部对于菇民进行综合考察的著作,并集成了作者以前所写的多篇论文的成果。该书对香菇种植业的漫长历史做了梳理,重点在于介绍菇民区的经济情况,以及香菇的种植方法,并对各类史料中出现的有关香菇的记载做了收集整理,同时,对于菇民的信仰活动也有着较为详细的描述。更值得注意的是,其在附录中收录的《民国时期发生在龙泉的菇民社团之争》罕见地介绍了菇民的结社梗概,从中反映出的菇民间的冲突和合作,政府态度等十分值得玩味,可惜并未提供更多的史料并进行深入的分析。

对于菇神吴三公的探讨占据了近年来菇民文化研究的大头。除了以上所提到的文章和著作之外,近期吴珍珍的《浙南庆元县域菇神崇拜现象及其历史文化特征浅析》除了叙述吴三公的神庙、庙会活动以外,还难得地分析其信仰产生的原因,特别地提到了道教文化对于吴三公成神的影响。[1] 但是,该研究的缺陷同样是将对于吴三公互相矛盾的记载人为的裁剪以整理出一个看似连续的叙事,如此,吴三公的原本面貌就更加深地隐藏于民间传说之中了。而罗士杰《移民与地方神:以"菇神吴三公"分香台中新社的故事为例》相对而言摆脱了以上的一些误区,收集了各类吴三公的传说,并尝试用社会学的方法分析菇神信仰在菇民生活中的作用。[2] 然而,该文有过度采信传说的问题,在套用大量理论的同时却未得出明确结论。

五显灵官大帝是六村菇民所信奉之主神。作为菇民神的五显大帝的研究可称一片空白,同样的,广义上的五显信仰研究数目也不多,

---

[1] 吴珍珍:《浙南庆元县域菇神崇拜现象及其历史文化特征浅析》,《史志学刊》2014年第5期。
[2] 罗士杰:《移民与地方神:以"菇神吴三公"分香台中新社的故事为例》,袁丁主编:《近代以来亚洲移民与海洋社会》,广州:广东人民出版社,2014年,第173—193页。

且绝大部分都是对其的源流历变的考证。如贾二强《说五显灵官与华光天王》[1]、陈金凤的《宋代婺源五显信仰的流变及其相关问题》[2]、孔令宏的《五显神的源流与信仰》[3]等基本上厘清了五显神的源流问题，即以五通神为原型，在宋代获得皇帝敕封之后，以婺源为祖地向外扩张，不断吸收佛教和道教中的一些元素形成了现在的五显信仰。此外，万里《南宋时期江南地区"五显神"崇祀考》列举了南宋时期在江南地区尤其是临安地区出现的五显庙。[4]目前为止最为全面的关于五显（五通）的论述当属万志英《财富的法术——江南社会史上的五通神》，该文不仅详细梳理了五通到五显的发展历程，还创造性地把五通神的神格变化同货币经济联系起来。[5]但是总体而言，对于五显神的研究仍然是孤悬于人间之外的，尤其缺乏五显神或者五通神于地方社会互动的精细描述。

以上对于菇民的研究，存在共同的问题便是将菇民与其生活割裂开来，绝大部分的研究都将菇民当作一个单纯的经济生产单位，除了传统的社会经济史的关于菇民生活环境的描述以外，对于其具体生活如婚姻、家族等着墨不多，对于遗存的族谱等地方文献也运用不够，导致当前的菇民研究较为片面和单薄，尚有很大拓展空间。

二、行业群体及族群的变迁研究

除了菇民的研究之外，对其他边缘群体如疍民、棚民的考察也值得

---

[1] 贾二强：《说五显灵官和华光天王》，《中国典籍与文化》2002年第3期。
[2] 陈金凤：《宋代婺源五显信仰的流变及其相关问题》，《地方文化研究》2014年第6期。
[3] 孔令宏：《五显神的源流与信仰》，《地方文化研究》2016年第3期。
[4] 万里：《南宋时期江南地区"五显神"崇祀考》，《长沙理工大学学报（社会科学版）》2013年第4期。
[5] 万志英：《财富的法术——江南社会史上的五通神》，刘永华主编：《中国社会文化史读本》，北京：北京大学出版社，2011年，第65—107页。

参考。关于棚民的探讨，主要分为两大类，一是着眼于棚民的多样化经营，如傅衣凌的《清代农业资本主义萌芽问题的一个探索：江西新城〈大荒公禁栽莸约〉一篇史料的分析》[1]，刘秀生的《清代闽浙赣皖的棚民经济》[2]以及刘敏的《清代农业和加工业中的商业资本》[3]，整理棚民在种植玉米、靛蓝以及香菇等作物的历史，着重探讨棚民经济中出现的资本主义萌芽因素。对于棚民所从事行业的具体研究，玉米种植方面有梁诸英的《清代徽州玉米经济新探：以文书资料为中心》，运用徽州文书梳理了玉米在清代徽州的种植历史与流行状况。[4]茶业则有易凤林的《传统产业的现代化转型：民国江西茶业研究》，其文指出了20世纪30年代江西茶业面临的困境以及时人的对策。[5]李维贤、陈卫华的《明至民国时期广东蓝靛植物的种植状况》考察了明至民国时期广东种蓝靛的生产技术以及各地区的种植状况，指出生产技术的停滞和化学染料的推广造成了民国广东蓝靛种植业的衰败。[6]

可以看到，同菇业一样，在民国时期，中国东南各省的经济作物如茶、蓝靛等都受到了时局动荡以及外来竞争的影响，陷入产量下滑、质量变差以致销量下降的恶性循环。对此困局，时人也提出了一些举措，但由于守旧的思想，政府的无力等方面的影响，这些措施均未取得成效。

---

[1] 傅衣凌：《清代农业资本主义萌芽问题的一个探索》，《明清社会经济史论文集》，北京：商务印书馆，2010年，第179—189页。
[2] 刘秀生：《清代闽浙赣皖的棚民经济》，《中国社会经济史研究》1988年第1期。
[3] 刘敏：《清代农业和加工业中的商业资本》，《厦门大学学报（哲学社会科学版）》1985年第S1期。
[4] 梁诸英：《清代徽州玉米经济新探：以文书资料为中心》，《安徽大学学报（哲学社会科学版）》2014年第6期。
[5] 易凤林：《传统产业的现代化转型：民国江西茶业研究》，《农业考古》2019年第2期。
[6] 李维贤、陈卫华：《明至民国时期广东蓝靛植物的种植状况》，《中国农史》2013年第6期。

绪 论

二是近年来出现的棚民和地方社会互动的研究，如陈瑞《清代中期徽州山区生态环境恶化状况研究：以棚民营山活动为中心》[1]以及谢宏维《清代徽州棚民问题及应对机制》[2]等，叙述了棚民在开发山林中对当地环境造成的破坏所引发的一系列冲突，探讨当地宗族及官府对于此乱局的解决之道。不过，尽管在清代，菇民曾被归入棚民之列，但是菇民之经营和棚民仍有不同，其种菇同时兼营故乡的田产山林，在菇民流出地政府的眼中，菇民仍是国家编户齐民的一部分。

总而言之，对于棚民社会的研究主要集中于其土客矛盾及解决办法之上，在清政府或是编入保甲，或是驱逐回乡的举措之下，进入民国之后，所谓的棚民就逐渐消失于国家和大众的视野之中。

疍民又有所不同，其地位极为低下，长期受到陆上人的歧视，由此形成了独特的疍民族群。关于疍民之研究，大致可分为四类。第一是对于疍民的人类学调查。20世纪30年代左右，遍布闽、粤、桂三省水上世界的疍民作为"异族"成为"社会调查"的对象，人类学者们围绕其族源、族性、社会历史及习俗文化展开论述。如罗香林的《疍家》[3]、林惠祥的《蛋民》[4]等。第二是由此引申出对于疍民特殊的文化以及经济形态的讨论，如叶显恩的《明清广东蛋民的生活习俗与地缘关系》[5]，刘传标《闽江流域疍民的文化习俗形态》[6]以及郑德华《疍民与清代珠

---

[1] 陈瑞：《清代中期徽州山区生态环境恶化状况研究：以棚民营山活动为中心》，《安徽史学》2003年第6期。
[2] 谢宏维：《清代徽州棚民问题及应对机制》，《清史研究》2003年第2期。
[3] 罗香林：《疍家》，《国立中山大学民俗周刊》第6册第76期，北京：国家图书馆出版社，2014年，第597—628页。
[4] 林惠祥：《蛋民》，《中国民族史（上册）》，北京：商务印书馆，1993年，第138—147页。
[5] 叶显恩：《明清广东蛋民的生活习俗与地缘关系》，《中国社会经济史研究》1991年第1期。
[6] 刘传标：《闽江流域疍民的文化习俗形态》，《福建论坛（经济社会版）》2003年第9期。

江三角洲的社会经济》[1]等，这些研究将疍民置于"他者"的位置，揭示其相对于陆地居民的特殊之处。第三则是将疍民置于其所在的地方社会结构中，分析疍民与其他族群的互动，探讨地方社会的历史与变迁，最具代表性的当属萧凤霞、刘志伟的《宗族、市场、盗寇与蛋民——明以后珠江三角洲的族群与社会》[2]，该文指出，地方上的宗族通过构建其自南雄珠玑巷南来的故事，追溯自己与北方衣冠大族的联系，从而证明自己在三角洲地区的入住权，这一权力通过建立祠堂编写族谱等手段得到巩固。而国家的户籍制度，同样具有文化上的意义，入籍同样是证明入住权的一个极为关键的因素，这样国家制度为这些家族提供了合法的上升渠道。该文另一个贡献是论证了市场和盗贼以及身份转换的联系，疍民的流动造就了商业的发展，商业也是盗贼产生的原因之一，身份低贱的疍民可以借助商业和武力实现获得更高的地位，从而摆脱疍民的身份。第四，以疍民为线索探讨帝制国家的制度史。

综上所述，棚民和疍民都在清至民国时期表现出融入当地主体居民的倾向，一方面是虚构自己的历史，强调其与主流大众的同一性，另一方面，国家为了消除社会的不稳定因素也支持他们融入当地，所不同的是，大部分棚民成功地脱客入籍，疍民则是等到新中国成立之后才在国家政策的强力支持下获得了平等地位。

畲族作为广泛分布于闽浙一带的少数民族，同菇民类似，也一直生活于深山之中，许多史料亦将菇民称为"畲民""畲客"，可见在外人眼中两者有许多相似之处。尽管关于畲族历史的研究较为深入与全面，不过我们更关注的是近年来的畲族研究引入了族群边界、共同记忆等概

---

[1] 郑德华：《疍民与清代珠江三角洲的社会经济》，林有能等主编：《疍民文化研究——疍民文化学术研讨会论文集》，香港：香港出版社，2012年，第108—120页。
[2] 萧凤霞、刘志伟：《宗族、市场、盗寇与蛋民——明以后珠江三角洲的族群与社会》，《中国社会经济史研究》2004年第3期。

绪　论

念来重新解读畲族的历史与传说，推动了畲族研究的深入。譬如，万建中通过分析盘瓠传说来讨论其对畲、瑶、苗等族群构建共同记忆与文化特征的突出作用，并成为这些族权划分自我与他者的重要标志。[1] 黄向春《"畲/汉"边界的流动与历史记忆的重构：以东南地方文献中的"蛮獠一畲"叙事为例》从另一个角度将边界理论运用到畲族研究上，文中对南宋以来"畲/汉"边界流动以及"汉人"如何通过历史记忆建构来塑造族群分类等问题进行了有益的探索。[2] 王丹《民族历史记忆与文化建构：以陕西省岐山县安乐蓝氏为中心的考察》则为我们展示了高度汉化了的畲族是如何看待自己的畲族身份的。安乐蓝氏的语言、服饰、饮食等习俗已与周围汉人无异，但是，通过对畲族族源以及迁居历史的记忆，他们始终维系着对畲族身份的认同，并通过编族谱、修宗祠等手段进一步强化这种认同。[3]

可以看到，菇民与棚民、畲民等群体都有所不同。棚民问题早在清初便为政府所重点关注，其融入当地社会的时间较早，而疍民、畲民等都被视作异类。然而，菇民尽管处于主流社会的边缘，展现出了许多异乎寻常的文化特征，但无论是自身还是外界，并未将其排除出主流社会之外。这样一个处于边缘但又并非异族的群体，如何看待自身，塑造自己的身份认同，仍然是一个尚待解决的问题。

---

[1] 万建中：《传说记忆与族群认同——以盘瓠传说为考察对象》，《广西民族学院学报（哲学社会科学版）》2004年第1期。
[2] 黄向春：《"畲/汉"边界的流动与历史记忆的重构：以东南地方文献中的"蛮獠一畲"叙事为例》，《学术月刊》2009年第6期。
[3] 王丹：《民族历史记忆与文化建构：以陕西省岐山县安乐蓝氏为中心的考察》，《西北民族论丛》2020年第1期。

第三节 研究材料及思路

一、研究材料

1. 档案材料

档案材料是本文采用的主要史料,主要是诉讼档案,从香菇争端等经济纠纷到抢夺等刑事案件,约有二百余个卷宗。除此以外,还有龙泉档案馆藏的其他种类的民国档案,比如龙南乡的国民党党员名册,农会名册,乃至于更大范围的安仁区和龙泉县的香菇产销合作社、职业工会档案等。

2. 族谱等民间文献

菇民宗族组织并不发达,现存族谱寥寥。其中以龙泉蛟垟和下田所藏族谱较多。作为龙泉菇业最为繁盛的两个村庄,蛟垟的叶氏[乾隆二年(1737)至今]和余氏[光绪六年(1880)]均有族谱存世,下田村则藏有康熙十九年(1680)至民国周氏族谱四本,光绪二年(1876)至今的金氏族谱以及光绪十一年(1885)项氏族谱各一本。

族谱之外,下田、龙井均有数方碑刻留存,内容大都为助缘者之姓名。景宁英川包坑口五显庙有记述三合堂成立之事的碑刻一方。在庆元西洋殿,存有为打醮而作的道藏数卷。

3. 地方志

地方志虽然对菇民所在的地区着墨较少,但仍有蛛丝马迹可供参考,所涉及的地方志主要有龙泉、庆元和景宁的县志。因为菇民外出做菇的习惯,所以其种菇目的地的地方志也值得关注,如广东地区的《英德县志》《韶州府志》,福建的《福建通志》以及江西的《江西通志》《绩溪县志》等。

4. 前人著述

"香蕈"二字，可追溯至宋代淳祐五年（1245）的《菌谱》，入元之后著名农学家王祯的《农书》首次提到了香菇的培植方法。明代陆容的《菽园杂记》记录了号称是"旧志"的龙泉县志的一段记载。民国时期，有前述的龙泉菇民叶耀廷的《蔬业备要全书》、陈国钧《菇民研究》等。

二、研究思路及结构

菇民的种种文化特质，正是来源于其独特的经济模式。菇民的收入来源，其一自然是菇业。对于菇业历史，尤其是传统菇业所采取的砍花法历史的梳理，一直存在很大的问题，要么过度强调砍花法的悠久历史，将其发明年代推至上古，要么就是对史料进行梳理和重新解读，尝试梳理出一个较为真实的传统菇业技法的发展史。同时，对于菇业生产组织方式的叙述也是为了揭示菇业发展及衰落的原因。不过，菇民也同其他龙泉居民一样，拥有不少田业和山产，诉讼中常见的林业和祭田争端证明了这一点。也正是这多样化的经济基础，使得菇民对于自身认知也呈现着一个多样的面貌。

晚清时期菇业经济的兴盛带动了菇民文化的大发展，这主要表现在三个方面，一是菇民谣谚和戏剧的推广，二是菇神传说的出现以及菇神庙的建设，三是菇民宗族建设的完善。在发展过程中，我们能看到菇民显然吸收了大量主流文化要素，作为培育自己文化特色的养分，并展示出鲜明的向主流文化靠拢的趋向。

民国时期，随着菇业的衰落及政权进入，菇民的菇民化停滞甚至衰退了。菇业的衰落自然是造成这一现象的主因，但另一个重要的原因是政府在推进地方组织科层化的尝试与失败。如许多案件的调解所依赖之"公人"，从五显庙的庙祝变为保甲长或者乡警，调解地点也由五显庙向乡公所转移。但是这些组织在实际运作上，仍然与各个宗族的亲缘关系密切相关，这就使得代表着宗族势力的地方强人获取了更多的权力。

但是，20世纪30年代菇业危机的加剧严重影响了农村的稳定，使得政权与主流社会重新"发现"了菇民，将其从普通民众中剥离出来，这就意味着，菇民在主流话语中的缺位状况结束了，在一系列针对菇民与菇业的调查中，守旧这个特点也被安在菇民的头上，为了拯救陈旧的菇民与菇业，政府尝试着改进技术，推广新式组织，但是成果不彰。在此形势下，菇民开始跳出原先的"农""商"范畴，强调自己在经济上的独特地位。

新中国成立之后，对菇业采取了一刀切的取消政策，菇民特质的构建自然也无从谈起。不过，改革开放后，重振菇业成了地方政府发展经济的突破口，随着新技术的引进，民国学者笔下的传统菇业渐趋消亡，而采用菌棒等新技术的新式菇业兴盛起来，配合着传统菇业而存在的各项菇民文化，似乎失去了存在的意义。但是，在政府推进菇业发展的过程中，为了突出其悠久历史，增添文化属性，大力发掘菇民的文化特质，使得一整套菇民历史在地方学者的笔下构建起来。这也使得原本停止的庙会等文化活动，纷纷在这一时期复兴。

总而言之，民国时期及其之后的菇民生活发生了很大的变化，主要原因有二，一是政权以前所未有的力度介入了乡村生活，菇民所建立的以公人为主体的内生权威在政权面前几乎没有抵抗能力，二是菇业在日本香菇和世界经济危机的冲击下衰落，菇民赖以生存的基础均被破坏。在这个节点上，菇民在认同正统的传统下，通过参与新的地方政治秩序，建立新式教育等手段，试图维持或者重建自身在基层的权力优势。就地方政府而言，一开始对于菇民的认识不过是种植不同作物的农民而已，在其话语体系中并无菇民之空间，所以，其政策和施政手段对于菇民和

绪　论

其他民众并无分别，但是在试图建立一个整齐划一且层级分明的地方行政体系过程中，组织和经济上的无力使得基层的宗族势力攫取了大部分权力，政府所设想的科层组织，被血缘关系渗透与控制。所以，就菇民而言，新的政治权威代替了以往以耕读传家形象为主的文化权威，随着基层政权组织的深入，强大的政治权力所带来的优势使得从前为了弥补文化权威的权力真空而进行的菇业历史地位建构变得多余，从而大大压缩了菇民试图构建自身特质的空间。我们看到，许多获得成功的菇民个体正在消解其菇民身份。如果说，清代以来菇民的家族在叙述中很多都伪装成耕读传家的普通家族，民国时期的菇民则是半主动、半被迫地真正实践其去菇民化的过程。不过，随着菇业危机的加深，菇民被政府以及主流社会发掘出来，这就意味着，"菇民"被正名了。在这种形势下，面对外来组织介入自身产业的尝试，菇民对于自己特质的挖掘也重新起步。但是，这一进程随着新中国的成立而被打断，直至20世纪80年代后，政府大力提倡菇业发展，地方文史工作者配合政策发掘菇民文化，重塑了菇民历史，这一次，菇民接受了外界塑造的菇民形象与历史，"菇民"才最终成了菇民的自称。

第一部分

菇民经济

认同与区分乃是催生乃至维持一个群体身份认知最根本的意识。如王明珂所言，"认同，是指一个人在特定情境下，认为自己属于一个社会群体，区分则是相反的，在特定情境下人们将我群与他群体之成员区别开来。"[1] 菇民这个群体的认同与区分根植于他们的经济活动中，这便是本文第一部分所主要涉及的内容。该部分分为两章，第一章阐述传统香菇种植技术"砍花法"的起源与发展历程，为了保守这一看家本领，菇民创造了独特的行业隐语——"山寮白"，亦通过这一独特的语言从而将自己与其他非种菇者区分开来。

第二章阐述了菇民生产组织形式的发展。生产技术的进步要求生产组织的变革，在菇业中便表现为家庭式作坊被菇厂取代，以及兼具投资与销售功能的菇行的出现。这些高度分散的组织为了维护自身利益便创建了跨地域的行业公会——菇帮。正是由于菇帮的存在给予了菇民"菇帮同仁"的认同，为日后其独特身份意识的进一步发展打下了基础。

可以看到，围绕着香菇种植业创造的行业隐语与生产组织表明这一时期菇民的"菇民"身份认知已悄然萌芽。但值得注意的是，这一时期的菇民并未将自己视作一个特殊群体，皆因其在家乡依然耕田伐木，过着与其余民众一样的生活，经过主流社会话语认可的"农""商"依然是菇民心中压倒性的身份认同，而以祭产为主的菇民田产与山林，便这样成了菇民融入主流社会的"凭证"。

---

[1] 王明珂：《羌在汉藏之间：川西羌族的历史人类学研究》，上海：上海人民出版社，2022年，第27—28页。

第一部分　菇民经济

第一章　菇业技术的起源与发展

香菇的栽培历史悠久。在20世纪中叶袋装香菇种植技术发明之前，传统香菇种植一直沿用古老的砍花法和惊蕈法。前人对于香菇种植历史关注甚少，民国年间的农学家多认为香菇栽培起源年代不详。菇民传说中则认为此秘法为五显大帝或吴三公所发明。当前学者亦只能根据古籍上的只言片语做出一些猜测。前人对于香菇栽培起源的断代，早可推至西晋，晚可至明代。当前主要流行的是宋代起源说。其主要依据为明代陆容在其《菽园杂记》中所引龙泉"旧志"的记载，张寿橙等根据陆容所引用县志的其他部分记载推断该段史料实出自嘉定《龙泉县志》。[1] 但由于该段记载未标注具体年代，所以许多学者认为其出自明正统《龙泉县志》，譬如，陈士瑜从技术演进角度就认为该段史料实出自明志，[2] 姚德泽、甘长飞根据"梓亭寨"这个地名推断该记载出自正统志。[3] 最近，张寿橙试图将香菇栽培的历史进一步推到西晋，[4] 其主要依据则取自张华《博物志》及佚书《山蔬谱》的记载，但其论证颇为武断，似难采信。

关于砍花法的改进，学者历来认为八百多年之中砍花法毫无进步。民国时期的调查者就称："菇民做菇，惟知永远秘守旧法，不知质量如

---

[1]《中国香菇栽培史》，第96页。
[2] 陈士瑜：《中国方志中所见古代菌类栽培史料》，《中国科技史料》1992年第3期。
[3] 姚德泽、甘长飞：《明陆容〈菽园杂记〉香菇引文出自明初版〈龙泉县志〉之考》，《食用药菌》2014年第3期。
[4]《中国香菇栽培史》，第83页。

何求其改进。"[1] 直至现代，张寿橙在其《中国香菇栽培史》中仍称菇民"沿袭旧法和旧制，缺少革新动力"[2]，其他学者也未能发现砍花法的演进过程。唯有陈士瑜认为在元明时期曾有"困山法"取代"埋木法"[3]。

以上可知，学界对于砍花法这一香菇种植核心技术的历史仍然存在不少争议，亦对许多史料缺乏正确理解，本节试图通过地方志，并结合前人著述，对香菇"砍花法"的历史进行梳理与考证，从而解决遗留下来的争论，澄清某些关于砍花法历史的误解。

第一节　砍花法起源年代辨正

关于砍花法起源年代的争论，主要集中在对《菽园杂记》所引县志记载的断代上，兹引如下：

> 香蕈，惟深山至阴之处有之。其法，用干心木、橄榄木，名曰蕈樀，先就深山下斫倒仆地，用斧班驳锉木皮上，候淹湿经二年始间出。至第三年，蕈乃遍出。每经立春后，地气发泄，雷雨震动，则交出木上，始采取。以竹篾穿挂，焙干，至秋冬之交，再用工遍木敲击。其蕈间出，名曰惊蕈。[4]

陆容并未言明所引龙泉县志之年代。按乾隆县志之例言，清之前县志有三，"宋志一，嘉定二年（1209）邑人何澹著，明志，一为嘉靖乙酉（1525）邑人叶溥、李溥辑，一为万历戊戌（1598）邑令夏舜臣编"[5]，考陆容卒于弘治十年（1497），绝不可能见到多年后的嘉靖志。不过也有人质疑，"嘉定志简，简则挂一漏万……嘉靖志繁，繁则添蛇续

---
[1]《菇民研究》，第4页。
[2]《中国香菇栽培史》，第142页。
[3]《中国方志中所见古代菌类栽培史料》，《中国科技史料》1992年第3期。
[4]（明）陆容撰，佚之点校：《菽园杂记》，北京：中华书局，1985年，第178页。
[5] 光绪《龙泉县志·例言》，清光绪四年刻本，叶1a。

鱼"[1]，嘉定志是否会用这么长的篇幅来描写香蕈的种植方法值得怀疑。同时，甘长飞等《明陆容〈菽园杂记〉香菇引文出自明初版〈龙泉县志〉之考》认为，陆容在提及龙泉炼铜时"每岁发解赴梓亭寨前"[2]中之"梓亭寨"为明时地名。但"梓亭"一名，宋时就已存在。《宋史·兵志》云"处州二砦：管界、梓亭"[3]，按"寨""砦"同音同义，似可认为陆容所书之"梓亭寨"，也可为宋代之梓亭寨。《闽书》便提到宋代松溪县有"梓亭寨巡检一员"[4]，康熙《松溪县志》亦云："梓亭寨在县东，宋时建，监管龙泉遂昌松溪政和四县，元改隶龙泉，今隶属庆元县。"[5] 如此看来，"梓亭寨"并非明代专属，而是明承袭了宋元旧名，不可遽认《菽园杂记》中的"梓亭"为明梓亭寨。另外，陆容所复述的内容似也是记录宋时情形。在龙泉炼铜的情形中，提到将铜"发纳饶州、永平监应副铸"[6]，文中之永平监为宋代最重要的铸币中心，《读史方舆纪要》考证永平监"在府城东，唐所置铸钱处也。宋亦为永平监，元废。今为永平关"[7]。既然永平监元代便已废置，则陆容所引之县志当非明志，而为宋嘉定志。

又明正统年间《文渊阁书目》卷二十《新志》中有龙泉县志一条，《浙江方志考》以为祁承㸁《澹生堂藏书目》之龙泉县志九卷四册可能为此书，持明代说的学者多认为祁氏书目可与《文渊阁书目》互证，乃是用以否定该段记载出自宋志的重要证据。但细究《澹生堂藏书目》排布，

---

[1] 光绪《龙泉县志·例言》，清光绪四年刻本，叶1a。
[2] 《菽园杂记》，第178页。
[3] （元）脱脱等撰：《宋史》卷192《兵志》，北京：中华书局，1977年，第4793页。
[4] （明）何乔远撰：《闽书》，福州：福建人民出版社，1994年，第1576页。
[5] 康熙《松溪县志》卷1《地理志》，民国十七年活字本，叶65a。
[6] 《菽园杂记》，第178页。
[7] （清）顾祖禹撰，贺次君、施金和点校：《读史方舆纪要》卷85《江西三》，北京：中华书局，2005年，第3948页。

将龙泉县志置于吉水、永丰、泰和等县志之中，显然该龙泉县并非浙江之龙泉，而是吉安府之龙泉，即今江西遂川。该县始由泰和县析出龙泉场，后升为县，民国三年（1914）才改名为遂川，《浙江方志考》当误。那么，这个理论上正统前编纂的龙泉县志只出现于《文渊阁书目》之中，即使是万历龙泉志的《旧序》也只提到嘉定和嘉靖志，却丝毫未见该正统志之踪影，若明代的修志者尚无法得见此志，陆容看到这份"正统志"的可能性似乎不大。

因此，《菽园杂记》所引之龙泉县志内容只能出自宋嘉定志，则在此之前菇民便已使用砍花法。且宋代有关香菇的记载数量大大增加，从侧面反映了香菇产量的提高与种菇技术的进步。早在北宋初，《物类相感志》中便出现了香蕈的身影："馄饨入香蕈在内，不嗳。"[1]在嘉定《龙泉县志》之后，陈仁玉之《菌谱》也出现了"合蕈"的记载：

邑极西韦羌山，高夐秀异，寒极雪收，林木坚瘦。春气微欲动，土松芽活，此菌候也。菌质外褐色，肌理玉洁，芳香韵味发釜鬲，闻百步外。益菌多种，例柔美，皆无香，独合蕈香与味称，虽灵芝、天花无是也，非全德耶？宜特尊之，以冠诸菌。[2]

韦羌山即今之神仙居，位于台州仙居县境内。考仙居县物产，并无台蕈或者合蕈之名。按陈仁玉的描述，该蕈"质外褐色，肌理玉洁"，芳香浓郁，土人曝干以售，皆合香菇之外形和售卖特征。仙居县也确实出产香菇，康熙志云："香椹，出韦羌山大陈坑诸山中，用椆树标树，先一年砍伐，以斧遍击之，次年雷动则生，味甚美。"[3]两相比较，则《菌谱》所载之"合蕈"，当是香菇无疑。

又有明代方以智引《菌谱》佚文称：

---

[1]（宋）释赞宁撰：《物类相感志》，上海：商务印书馆，1937年，第12页。
[2]（宋）陈仁玉撰：《菌谱》，北京：中华书局，1991年，第1页。
[3] 康熙《仙居县志》卷八《食货》，清康熙十九年刻本，叶2a。

第一部分　菇民经济

宋陈仁玉作《菌谱》曰：平西有断椿、榆、构，斧其皮，久雨烂之，以米潘沃之，雷则出蕈矣，不雷则大斧击之而蕈亦出。[1]

陈士瑜以为此为砍花法之雏形。[2]然除用字精练外，该条记载已叙述了树种选择、"斧其皮"、"以米潘沃之"等一切砍花法要素，雏形一说似难成立。若方以智所引确为《菌谱》佚文，更可证明菇民在宋代便已采用砍花法。

无论如何，在宋代，浙江台州一带成了香菇生产的中心。除了《菌谱》外，《赤城志》亦称仙居香蕈之善："蕈，多种，出仙居稠皋者胜。其地有左溪、右溪、中溪，中溪者最香。又天台万年山出合蕈，土人珍之，多暴以致远。仙居亦有之。"[3]周密在《癸辛杂识》中也记载了类似的趣闻："天台所出桐蕈，味极珍，然致远必渍以麻油，色味未免顿减。诸谢皆台人，尤嗜此品，乃并舁桐木以致之，旋摘以供馔。"[4]这些记载证明了天台香菇的流行程度，"南宋时以台州之菌为上味"[5]并非虚言，结合嘉定《龙泉县志》与《菌谱》的记载，可见当时香菇生产已有一定规模，宋代发明砍花法的说法当最符合事实。

但是，到了清晚期就很难看到台州等地出产的香菇了，可见仙居等地的香菇生产已经衰落。衰落的原因，如清代仙居人王魏胜言：

吾邑介万山中，菌向称土产。微论南宋，即数十年前尚有之。本朝休养生息，百姓不见兵革二百年余，生齿日盛，觅食维艰。深山大泽，稍有沙土之区，即为耒耜所及之处。向之丛林茂园，是生菌芝者，今则荒山一

---

[1]（明）方以智撰：《通雅》，北京：中国书店，1990年，第507页。
[2] 陈士瑜：《中国方志中所见古代菌类栽培史料》，《中国科技史料》1992年第3期。
[3]（宋）陈耆卿纂：嘉定《赤城志》，浙江省地方志编纂委员会编：《宋元浙江方志集成》第11册，杭州：杭州出版社，2009年，第5499页。
[4]（宋）周密撰，吴企明点校：《癸辛杂识》，北京：中华书局，1988年，第91页。
[5]（清）永瑢等著：《四库全书简明目录》，上海：上海古典文学出版社，1964年，第461页。

片矣。惟八九月间，邑南朱溪左右，糯稻获后，田有遗粒，雷雨骤发，猛日乘之，菌遂茁焉。土人采以售，有登诸俎者，滑而涎，不甚佳，不若来自五云者及闽界之芳馨可啖也。闻彼地业此者，深山穷谷，秋后砍巨木仆之，薄施斧斫，栽以米之糯者，上覆以茅或稻秆，冬收者厚而多香，入春则薄而味减。一木可再收，蒸以致远。来吾乡者皆是物也。乡间或贩此营作一利耳。食者尤云吾乡土产，实则古有今无。[1]

随着人口的增长，台州一带的山地得到了进一步的开发，许多丛林被砍伐殆尽而辟为农田，香菇失去其赖以生存的自然环境，曾经繁盛一时的台州菇业就此衰落。龙泉、庆元、景宁三县人口亦在这一时期增长三到四倍，大量的垦荒拓殖活动亦使森林遭到严重破坏，菇木自然难以幸免。为求生计，菇民只得外出寻找山场种菇。香菇的主产区逐渐迁移至安徽、江西、福建等省。这一趋势在元代便已开始。元代王祯《农书》记载的香菇制取方法，大概是作者在主政安徽或江西等地时观察到的。[2]到了明代，福建、广东等地亦大量出产香菇，《万历会计录》载浙江贡光禄寺香菇两千两百斤，福建两千斤，广东也有一千五百斤。[3]可见闽粤两省的香菇产量已经接近浙江，成了香菇的主产地。

第二节　砍花法的技术演进

自宋代菇民发明砍花法后，他们是否对该法进行过改良呢？以往学者多以为菇民墨守旧法，不知改良。然而，菇民对于香菇生长的规律认识总是不断加深的，他们对于树种、砍花技法的认识也有一个逐渐提高的过程，晚清学者郭柏苍《闽产录异》便记录了一个不太成功的例子：

---

[1] 光绪《仙居县志》卷17《艺文志》，光绪二十年活字本，叶12a—12b。
[2] （元）王祯撰：《农书》，北京：中华书局，1956年，第76页。
[3] （明）张学颜撰：《万历会计录》卷31《光禄寺供应》，明万历九年刻本，叶3b—4a。

第一部分　菇民经济

先时，畲民斫楠、梓、槠等木于深山中，雨雪滋冻，则生菰。味香，因名"香菰"。后山民仿其意，斫楠、梓枝仆地，淋以米汤，掩之；秋末采、焙，至冬经霜雪，尤美。互见《货属》。

近山民以全山杂木出穓菰客，戒以伤枝不伤本。菰客以刀乱斫杂木枝，覆以草，及时采之，不必皆楠、梓。楠，香；梓，松；菰特芳美。他木所出，乃薄小。[1]

菇木从楠木、梓木等扩展到了"杂木"，并以树枝取代了树干作为砍花的材料，可见在福建作业的菇民对于砍花法的改良尝试。然而，由于杂木所出的香菇"薄小"，从民国时期对砍花技法的记述以及现存老菇民的回忆来看，菇民依然大都选择楠、梓、槠等树之树干作为砍花材料。[2] 至于其他菇木如何以及何时被发现，现存史料依然无法为我们还原这一过程。

除了树种选择的扩展外，砍花法至少进行过两次重要改进，一是沃泔法的消失，二是人工栽培菌种的尝试。

一、沃泔法的消失

沃泔法，即淋浇淘米水，最早出现于唐代韩谔《四时纂要》中：

种菌子：取烂构木及叶，于地埋之。常以泔浇令湿，两三日即生。又法：畦中下烂粪。取构木可长六七尺，截断碪碎。如种菜法，于畦中匀布，土盖。水浇长令润。如初有小菌子，仰杷推之。明旦又出，亦推之。三度后出者甚大，即收食之。本自构木，食之不损人。[3]

---

[1]（清）郭柏苍著，胡枫泽校点：《闽产录异》，长沙：岳麓书社，1986年，第53页。
[2]《菰树柴名章第五》，《菰业备要全书》，叶14a。
[3]（唐）韩鄂编，缪启愉校释：《四时纂要校释》，北京：农业出版社，1981年，第88页。

— 27 —

按裴鉴蓄的考证，[1]《四时纂要》所言之菌子乃是构菌，即金针菇。虽不是香菇栽培之法，但浇汨却成为日后培养各种菌类的常用方法。如洪迈《夷坚志》"万岁丹"条就有类似手段："徽州婺源县怀金乡民程彬邀险牟利，储药害人，多杀蛇埋地中，覆之以苫，以水沃灌，久则蒸出菌蕈。"[2]明代方以智引《菌谱》佚文中亦称"以米潘沃之"[3]。

元代王祯《农书》所记录的香菇制法，也有"沃汨"这一步骤：

> 今山中种香蕈，亦如此法。但取向阴地，择其所宜木（枫、楮、栲等树）。伐倒，用斧碎斫成坎，以土覆压。经年树朽，以蕈碎剉，匀布坎内，以蒿叶及土覆之，时用汨浇灌。越数时，则以槌棒击树，谓之"惊蕈"。[4]

至于明代，嘉靖《福清志续略》云："香蕈，于深山椆林中选木砍倒，以斧倒砍一二尺，砍一横以饭汤泼洒其上，一年即生蕈。"[5]方以智《物理小识》中亦有类似描述：

> 愚讯山野人：冬至断大木砍之，日浇渐水，至春生蕈。圆树楮、榆为上，椐、柳亦可。雪冻则愈出，雷时生曰雷蕈。闽中以斧惊之，亦雷意也。（中德曰："德外舅孙鲁山言：'宣大外边榆肉最脆，榆上之瘿也。'"中通曰："断木细斫，烂草蒙而汨淋之，乃生蕈。埋糯秆，草覆汨淋则生蘑菰。孝陵松菌至美，得椒无畏。"中履曰："菌栭，湿蒸性滑，陈之能治痛。榆肉出口外、龙门所一带。今燕京价至三十两一斤。"）[6]

到了清代，还存在着以米汤沃之的记载。康熙《松溪县志》称"蕈，

---

[1] 裴鉴蓄：《中国食菌及其栽培》，北京：中华书局，1952年，第94页。
[2] （宋）洪迈撰：《夷坚志》，北京：中华书局，1981年，第20页。
[3] 《通雅》，第507页。
[4] 《农书》，第76页。
[5] 嘉靖《福清志续略》卷2《土产》，明嘉靖二十六年刻本，叶19b。
[6] （明）方以智录：《物理小识》，上海：商务印书馆，1937年，第152页。

第一部分　菇民经济

即菌，冬春之交，于深山砍大树木，以米汁沃之而生，或用物不时敲之，更雨雪多则盛，香者曰香蕈。"[1]乾隆《贵溪县志》亦言"冬春之交于深山中斫楮、槠等木，以米汁沃之"[2]，《闽产异录》亦云：

冬春之交，菰客樸全山，斩楠、梓、楮等木，以米汁沃之；近来但斩杂木，递覆之，使得天气，热湿相搏，雨雪多则菰盛而香。[3]

这种技术的出现与当时对于菌类发生条件的认识息息相关。在古人看来，菌类皆由湿气所发。如《菌谱》云"芝菌，皆气苗也"[4]，《茅亭客话》称"夫蕈菌之物，皆是草木变化，生树者曰蕈，生于地者曰菌，皆湿气郁蒸而成。"[5]由此，菌类实际上是"蒸"出的，如杨万里诗云："空山一雨山溜急，漂流桂子松花汁。土膏松暖都渗入，蒸出蕈花团戢戢。"[6]元代王祯《农书》也认为菌类"率皆朽株湿气蒸浥而生"[7]，一直到清代，这种看法依然十分流行，屈大均《广东新语》便称"凡香蕈感阴湿之气而成"[8]。

在此理论支持下，晚清之前，菇民在进行砍花之时，尚有浇淋米汤的步骤。但到了民国时期，这一现象却完全从记录上消失了。《菇民研究》中记录的"做菇秘法"已无"沃泔"一步，对于此现象，注意到这点的学者的看法是"用泔浇灌，绝非菇民所为"，作为首次提出此种做法的王祯，不是"前人哪里搜辑而成，则一定是菇民为了严守技术而混淆视听"[9]。但出自不同人之手的砍花法记载并非完全沿

---

[1] 康熙《松溪县志》卷6《食货志》，民国十七年活字本，叶1b。
[2] 乾隆《贵溪县志》卷4《物产》，清乾隆十六年刻本，叶1b。
[3] 《闽产录异》，第26页。
[4] 《菌谱》，第1页。
[5] （宋）黄休复集：《茅亭客话》，北京：中华书局，1991年，第30页。
[6] （宋）杨万里：《诚斋集》卷17，上海：商务印书馆，1929年，叶9b。
[7] 《农书》，第76页。
[8] （清）屈大均撰：《广东新语》，北京：中华书局，1985年，第714页。
[9] 《中国香菇栽培史》，第114页。

袭《农书》或者《四时纂要》，从时间和地点跨度如此之大，所言之事却相当一致的情况看，仅仅凭着近现代的砍花法技艺来反推之前的技术流程而认为浇泔都是菇民迷惑他人之辞，稍显武断。此外，如果真的出于保密的需要，除了砍花凿树的技术细节以外，王祯等人对于菇民种菇所用的树种，种菇的流程乃至惊蕈法已经有了较为清晰的认知，若他人按照此法培菇，加上浇淋米汤的步骤，至多只会造成水分过多，杂菌生长导致香菇产量减少，并不会造成香菇培育的失败。菇民能否凭借这一点产量上的优势，完全排除他人种植香菇的可能，是值得怀疑的。菇木树种的秘密难以保守，但砍花的深度、形状等技术细节才是种菇技术的核心，似无造出浇淋米汤的步骤以掩人耳目之必要。而且，在晚清郭柏苍以及民国各个调查者对于砍花法的叙述中，沃泔法已经消失，菇民为何要放弃沿用近千年的保密手段呢？郭柏苍提到，从前菇民确是"以米汁沃之"，但近来"但斩杂木递覆之"而已，从中可以看出一个很明显的技术改进过程，即将沃米汁的步骤去除。这样看来，恐怕淋浇米汤并非菇民的一种保密手段，而是一种被淘汰的技术。而这个自唐延续下来的菌类种植手段，至晚在清代菇民的砍花法中仍然存在，但是到了郭柏苍的时代，菇民却去除了这一步骤，有理由判断，晚清菇民对砍花法关键一步的砍水口技术进行了改进，使之不需要淋浇米汤以增加菇木水分。

二、人工栽培菌种的尝试

除了沃泔之法的消失外，砍花法还发生了一个更为重要的改进——菌种的人工播种。这一尝试在元代便有端倪："以蕈碎剉，匀布坎内"[1]，上述王祯记录的种菇方法似乎就是一种人工播种法。但这种方法显然没有推广开来，在其后的大部分有关香菇种植的记载里，均未提及将香菇

---
[1]《农书》，第76页。

磨成粉散布入花口的做法。直到晚清，在遥远的云贵地区，菇民又一次开始尝试人工播种。道光《大姚县志》载：

> 按蘑菇即香蕈……近年有吴越客民典买树林，将轮囷合抱大树斫伐卧地，削大枝稍于树身，斧数十孔，用细灰土置孔内，将旧香蕈脚舂为末，和冷粥搅匀，每孔置少许，覆以枝叶。[1]

光绪《黎平府志》之《释蔬》记录了另一种人工播种的方法：

> 香菌即香菇，蔬中上品，产下江永从。土人于深山中伐楮树卧地，俟木将腐，用香菇浸水洒之，越十数日，菌即出。[2]

后文《释货》更为详细地提到香菇之制法：

> 系山客买山伐树，堆积包谷秆，取老香菌煎水洒之，以树叶盖之，既久，则菌生也，味极香，尝贩他省售卖。[3]

这些做法，意味着菇民认识到了香菇本身也存在着可以繁殖的物质，较之单纯以湿气"蒸"成菌的理论已然进步许多，颇有后世科学菌种培育的雏形。而且"和冷粥搅匀"亦说明菇民确实秉持着米汤可以促进香菇发生的看法，证明了沃泔法并非菇民用以保守砍花法秘密的障眼法。

然若以效果论，由于菇民无法认识到香菇的繁殖实依赖孢子，自然不可能对于孢子生长所需的湿度、温度等条件做出精确的评估与调整。从后世李师颐等人实验的结果来看，脆弱的香菇孢子经过这些处理之后，存活率不高，产量较之传统砍花法并不占优势，所以这些人工播种尝试，未能进一步发展或推广开来。

---

[1] 道光《大姚县志》卷6《物产》，清光绪三十年刻本，叶3b-4a。
[2] 光绪《黎平府志》卷3《物产》，清光绪十八年刻本，叶64b。
[3] 同上，叶133a。

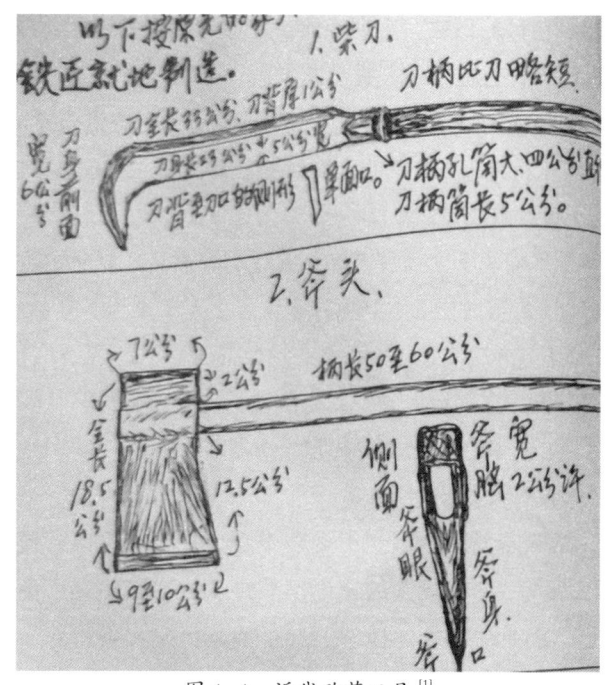

图 1-1 近代砍花工具[1]

所以，到了民国时期，砍花法已然发展到了菇民在不断实践试错中所能到达的极限，形成了一套复杂精细的作业流程：农历十至十一月将菇木砍倒，剔除大部分枝杈并放置好之后，便开始正式的砍花作业。砍花的第一步也是核心的一步，便是视菇木的品种、含水量等情况，利用斧头或者刀在树木表面凿出深度和形状不一的疮疤，称之为"做樯"。凿好之后，需用所去之枝叶覆盖均匀，是为"遮衣"。遮后任凭风吹日晒，至第二或第三年冬，再观察斧凿处是否有菇出生，谓之"倡花"。倡花后便将遮盖的枝叶除去，称之为"开衣"。开衣后三年间，是香菇丰收

---

[1] 资料来源：吴鹤章：《菇民与香菇》手写本，龙泉香菇博物馆藏，2009年，第14页。

的时候，每至冬令前后，菇木上便会生出厚薄不一的香菇，谓之"当旺"。当旺之后树皮朽烂，当以薄板轻轻敲击树身，是为"惊蕈"。除了菇木范围的扩大、"做檣"手法的不断精进和沃汩法的消失外，在外人看来，民国时期菇民使用的砍花法与宋代出现的砍花法似乎并无多大改变，也无怪乎民国学者认为"我国农民，保守性特重，既不愿意接受别人的良法，自己又不求改进"[1]。实际上，菇民已经尝试过在当时看来极为先进的技术，可惜由于科学知识的缺乏，终究无法跳出旧法之窠臼。

第三节 行业隐语"山寮白"

晚清时期，菇业利润颇丰，其生产技术自然引得旁人窥伺，保密便成了菇民生产活动中的一大需求。用以保守菇业生产秘密，保护菇民人身安全的行业隐语——"山寮白"便应运而生。该种隐语并无文字，全靠语音表达。

对于山寮白，前辈学者多有概括，由于笔者并非语言学家，且当前知晓此种隐语之菇民所剩无几，因此对此种行业隐语只能做一个综述性的叙述。总而言之，山寮白是对方言的替换组合，大概是在其长期使用与交流中，三县菇民所使用之隐语渐渐趋同。山寮白通常有以下几种替换模式：

一是用对象的显眼外形替换。如柴刀因其弯曲的外形而被称为"弯"，斧头则因其平直而被称作"板"。常以一只脚示人的山魈便被呼作"一只脚"，而塑像多带着胡子的神仙则被呼作"白胡子"等。

二是用对象的某些特征替换。如跳蚤被称作"跳虫"，官被称作"九级"，鸡被称作"地下爬"，等等。

---

[1] 蔡起周：《龙泉庆元景宁三县之香菇业》，《浙江省建设月刊》第8卷第6期，1934年，第32页。

三是用特定字词替换。如菇便被替换为"老"，香菇也就被称为"香老"，香菇行便是"香老行"。野鸟类则被称为"生莺"，菇民便称山鸡为"山生莺"，白雉为"白生莺"。

下表摘录了部分山寮白及其对应语音：

表1-1　部分山寮白词语[1]

家——槿	贼——地荣	菇神——高登爷
回家——回槿	鬼——祟	眼——光笼
坐牢——坐柴槿	本地人——地老	耳——你改
饭——天	银子——白田	鼻——别脑
饭汤——天汤	乞丐——花卒	血——赤汁
野猪——野乌背	妇女——尖脚	花生——生财
老虎——蒲娄	皇帝——王脑	菩萨——泥块
锅——乌潭	山神殿——主人家	下雨——拉雨
锅盖——乌潭盖	小孩——扁棒	太阳——日脑
竹刷——乌潭扫	先生——勾旦	下雪——洒白老

可以看到，山寮白包含了菇山生活的方方面面。除了保守香菇生产技术的机密外，还能保障菇民人身安全。由于外人不得与闻，山寮白亦成为菇民身份区分的工具之一。"过去大凡菇民，都要会蕈寮话，否则就会被人说你外行。不懂菇山行规，是不受欢迎的。"[2]这表明，在与菇业生产相关的语境中，菇民通过山寮白形成了一定的身份边界，通过排挤不懂得山寮白之人，获得内部的认同感与凝聚力。

---

[1] 资料来源：《庆元县志》编撰委员会编：《庆元县志》，杭州：浙江人民出版社，1996年，第244—245页；《中国香菇栽培史》，第67—68页。
[2] 庆元县农村经济委员会编：《庆元香菇》，1990年，第29页。

小 结

从《菽园杂记》所引的"旧志"以及宋代关于香菇的记载来看，在南宋初年，砍花法就已经相当成熟。这种技术一直沿用至20世纪80年代，直到被效率更高的袋装香菇栽培法取代。

纵观自南宋以来香菇栽培的漫长历史，经过八百余年的栽培实践，菇民所使用的砍花法并非如前人所认为的毫无进步。淋浇米汤步骤的省略和人工播种香菇孢子的尝试，表明菇民对于香菇种植的自然规律有了更为深刻的认识，砍花法技艺也有一定提高。但是，人工播种孢子新法在中国始终没有普及，即使民国年间日本香菇业已经大规模推广人工菌种，中国菇民仍大体沿用自然撒播菌种的办法。

传统的香菇种植技术进步缓慢的根本原因在于科技落后。香菇通过肉眼几乎不可见的孢子进行繁殖，传统菇民或学者缺乏观察孢子的仪器或手段，无法理解没有种子的菌类如何在树木上突然发生，只能大而化之地认为由"气"生菌。气之虚无缥缈，菇民无从掌握，以致只能墨守前人手段，无法依照繁殖原理进行大的改良。就算出现了新的手段，也因为认识不足，无法发挥新技术的效能。此外，菇民培植香菇的保密性和保守性也是阻碍香菇技术改良的重要原因。而菇民的行业隐语"山寮白"正是其保密性的突出表现。

第二章 菇民的生产组织形式

香菇生产技术的进步必然伴随着香菇生产组织形式的发展。菇业的生产组织形式如何演变，其具体组织形态又是如何，菇民语焉不详，学界也极少关注。就目前的材料看，自清代以来，随着香菇家庭作坊被淘汰，几个男性组成的小规模菇厂成了香菇生产的主流，而菇行则垄断了香菇的销售途径。在此基础上，出于维护菇民权益的目的，跨地域的香菇行业公会组织——菇帮也在这一时期成立。这些独特的生产销售组织，成了日后菇民特质的重要组成部分。同时，以祭产名目存在的田产与山林成了菇民收入的另一大进项，也成就了菇民的另一重身份认同。

第一节 菇厂

菇厂或者菇民所称的"菇寮"是清代至20世纪80年代之前菇民主要的生产组织形式。但许多菇民传说却暗示着一种更为古老的以家庭为单位的生产方式曾存在于菇业生产之中。

一、香姑与家庭式香菇作坊

香姑的传说和砍花法的发明密不可分，在这些故事里，"香姑"之名便是这种芳香的菌类被称作香菇的主要原因。在吴三公的传说中，香姑是福建武夷山一个猎户的女儿，被财主逼婚而逃入深山。时值隆冬，香姑又冷又饿，昏厥在雪地之中，为路过的吴三所救，不过吴三因为将衣服给香姑保暖自己冻昏过去。香姑苏醒后，为救吴三，砍下断树之枝叶生火取暖，终将吴三救活。两人后结为夫妻。次年春天，吴三路过原地，发现去年香姑所砍之树上的斧痕中长着无数菌蕈，散发着芳香。他采而食之，发现味道鲜美，且祛除了他的风寒。由此吴三将香姑砍树之法发扬光大，为了纪念妻子的创造，就将此蕈名为"香菇"。[1]

无独有偶，在五显神的故事中，香姑也是作为一位猎户的女儿以及祖师的配偶出现。香姑与五显神情投意合，不料遭到深山之中红栲树精的嫉妒。树精趁五显不注意将香姑卷入树身意图捏死，五显化为斧头，砍倒了树精。但香姑不幸身亡。盛怒之下，五显在红栲木上边剁边喊"香姑，香姑"，栲木的斧痕中就生出了伞状的菌类，五显由此掌握了做香菇的方法。[2]

可见，香姑在两位香菇祖师发现香菇制法的过程中发挥了重要作用，且都成了祖师的配偶。在吴三公家族的族谱中也有"娶妻刘氏香蕈"的记载。尽管传说中频频有女性角色参与到菇业生产中，但在晚清以及民国时期的菇业中，从未出现女性的身影。在少数菇民流传下来的文本中，强调女性的贤惠与守节，将她们完全排除出菇业生产而牢牢束缚在家庭生活中。蛟垟叶氏族谱中的《赠育芬公妣刘氏寿诗》序云："秉性幽闲贞静，相夫训子，客立成家，延宾抚下，各尽其道。"[3] 另一菇民宗族族谱中赞其某位女性先祖云："恪守妇道，节孝堪钦，内和外睦，老安少怀。"[4] 亦是表彰其持家之功。

与族谱中的贤妻良母形象不同，在菇民口口相传的故事里，女性则变得十分危险。最典型的例子便是"菇山饼"传说：

---

[1] 1996年版《庆元县志》，第255页。
[2] 余绪编著：《香菇之源》，杭州：浙江人民出版社，1994年，第118页。
[3] 《闺范》，民国八年《蛟垟叶氏宗谱》。
[4] 《像赞》，光绪二十一年《下田周氏宗谱》。

很早以前，有个菇民出外制香菇，家中妻子与人相好，当他从菇山回家，当晚便被那淫妇、奸夫谋杀了，把尸体葬在床底下。

第二日，他妻子装模作样地到处打听丈夫消息。事隔不久，谋杀亲夫的事终于败露了。从此，菇民出外制菇总是提心吊胆，担心妻子会变心，于是菇民们便共同商量出一个办法以防不测，每年回家时买上许多银元大小的饼儿，一到村便先把饼儿分散给各家孩子们吃，吃到谁的饼，就知道谁已经到家了，即使妻子变心，也不敢随便杀人了。

日子久了，菇民散"菇山饼"便成了一种风俗。[1]

菇民歌谣中也有类似情节：

蕈山客，洋钿赚三百。

蕈山饼，分我哐。

我若无饼哐，你给老嫫杀。[2]

同族谱中的女性一样，"菇山饼"传说中的妻子亦是一个留守在家的角色，但是，与族谱中守节持家的形象不同，这里的妻子是受菇民猜疑的对象。龙泉杨山头村可容纳百余人居住的菇民大屋，其建造目的，除了留守在家的老幼妇孺相互照应、防范盗贼之外，亦存有相互监视、预防女性出轨的目的，足见这种猜疑并非空穴来风。不过，这是女性被排除出菇业生产、夫妻长期分离的后果。菇民歌谣里便唱道：

枫树落叶，夫妻分别。

枫树出芽，老公邅家。

半年团圆，半年守寡。[3]

近代菇民中对于女性的叙述，同传说中香姑在菇业生产中的显要地位

---

[1]《庆元纵横》编辑部编：《庆元纵横》第4期，庆元：政协庆元县文史办公室，1989年，第84页。
[2] 吴式求编著：《庆元谣谚》，杭州：浙江大学出版社，2014年，第44页。
[3] 同上，第40-41页。

形成了鲜明对比。若在近代菇民生活中无法发现香姑传说的现实基础，那么这些传说当是对久远之前女性参与香菇生产的一种回忆。在菇业发展的早期，即种菇规模较小的年代，一是没有外出跋涉种菇的安全问题，二来规模较小，人力需求少，即使到了民国时期，规模小的菇厂人数不过三四人，那么早期菇民最有可能采取以家庭为单位，即男女分工的形式来培植香菇。不过随着时代变迁，女性在香菇生产中已经完全没有了当年"香姑"的地位，外出种菇者均为男性。"传男不传女"成了菇民的铁律。不过，尽管菇业脱离了家庭形式的生产组织形式，但是以血缘为纽带的宗族关系，在菇厂这种组织中仍然发挥着极为重要的作用。

二、菇厂的组织形态

菇厂一词，最早出现于道光二年（1822）的《三省边防备览》中，其中云："香菌厂，于秋冬砍伐花栗青、枫梓树、桫椤等木，山树必择大者，小不堪用。将木放倒，不去傍枝，即就山头坡上任其堆积。雨淋日晒，至次年树上点花，三年后即结菌。"[1] 即在清中期之时，菇厂便已为地方官员所发现。不过，若我们将棚民所搭之简易居所也称为"厂"的话，那么，在上文雍正五年（1727）王国栋奏折中言及的"种香菇等为业"之棚民，恐怕便早已建立起了被称为"菇厂"的组织。

菇厂之诞生，当与砍花法的进步有关。菇民对于菇木树种和砍花技法认识的不断深入，砍花法能使用的木材亦不断增加，为了提高生产效率，增加香菇产量，更多劳动力的投入便不可避免。在此情况下，菇民势必要打破小家庭的篱笆，发展出新的生产组织。菇厂这一组织便应运而生了。菇厂所拥有的劳动力数量相较于前者有了增长，这反

---

[1] （清）严如熤撰，黄守红校点，朱对人校订：《严如熤集》，长沙：岳麓书社，2013年，第1052页。

映了在砍花法发展的前提下，菇业分工不断精细化的需求。如在下田村流传的周氏家族创业传说里，一家四兄弟家境贫寒，为求生计不得不背井离乡去江西婺源做菇。老大周发杞擅长做菇，有着一手砍花的好手艺；老二发梓天生好力气，加上自幼便学习武术，一般人近不了身；老三发桐比较会算账；老四发栻，虽然比较懒惰，但他的儿子却是制造陷阱捕捉野兽的好手。[1] 又有一个故事中称一个菇厂由"两家两兄弟"组成，[2] 足见一个核心家庭在一般情况下已无法满足菇业增长的劳力需求。

民国年间，菇商与种菇者的区别愈发扩大。许多菇民已无需前往外省做菇，仅仅出钱投资便可坐享分红，平日甚至不参与菇厂管理。如《连立生诉金天春等盗卖香菇案》之原告连立生，其在诉状呈称：

缘民素安本分，做菇兼农为业。衅因日前在安徽绩溪县大坑口龙水山做有香菇一厂，去年雇工金天春、周金生（即被告）两人前往种植。收成结果计共产出香菇一十件，经被告运赴安徽歙县所属齐武站永通行转运上海销售，计洋一千二百余元。讵料被告金天春、周金生二人等陡起不良，胆敢将上开十件香菇提出五件，做民金元昌字号货物，其余五件另造金元春字号私行盗卖，约计侵吞菇款六百元。[3]

连立生并不参与实际上的香菇生产，而是通过雇佣金天春、周金生两人生产和运销香菇。此案中，菇主付出租山及建菇寮的资本，并向菇工支付工资，而香菇所得之收益全归菇主所有。

在这种生产方式下，除了较为简单的单一菇主以外，还有更为复杂的由数个菇民共同出资雇佣雇工从事香菇生产的情形。在资本和规模都

---

[1] 周裕康口述，采访时间：2019年7月21日。
[2] 《菇民与香菇》手写本，第101页。
[3] 《连立生诉金天春等盗卖香菇案》，龙泉市档案馆藏，档案号：M003-01-00553，第66页。

有所扩大，管理情况更为复杂的情况下，股东们需选出股东中一人作为经理，全权代理生意，菇厂经营的状况由股东进行监督，盈亏也完全由股东负责。

从周肇恒和叶金氏债务纠葛一案中，可窥见此类菇厂运行之一斑。叶金氏之夫叶文惠及周继治于"宣统三年同参加入金天湖、天池、大有等共做北坑源香菇生意，当各认定股成。叶文惠七成，金大有二成，周继治四成，金天湖五成，金天池二成，又抽一成归五显灵官，共二十一成。俟香菇有出息后将各人用出工本补利归还"[1]。在叶文惠病故之后，"其生意账簿系金天湖经理"，后周肇恒"即串同北坑源经理金天湖，将宣统三年所立各股东认定股份总簿内于文惠坐生意七成下自注有癸丑十一月十二日退出生意四成"[2]，可见金天湖在这个菇厂之中掌管着股份总簿等重要文件，掌握着北坑源菇厂的运行，所以才称其为"北坑源经理"。

在合伙雇佣雇工的情形下，设立一个经理总管全局相当常见。周盛让诉陈守勋欠债案件中，股东陈守勋称："民与周盛让于民国十二年间在宁国地方合做香菇一厂，民于二十二股中，合得二股，当付有股本大洋四十元零二角，交与周盛让收去（此洋记在股簿内，由周盛让收存）。自后一切生意均系周盛让经理，民从未到过菇厂。所有历年厂内收益，均系周盛让收去，民从未分过红利。"[3]

此案中，周盛让担任了该菇厂之经理，陈守勋等股东并不参与日常的经营活动，但在计算盈亏等关键问题上，股东起着监督的作用，周盛让在笔录中就曾提到这一点。

[1]《周肇恒和叶金氏债务纠葛一案》，浙江龙泉档案馆藏，档案号：M003-01-11822，第3页。
[2] 同上，第4页。
[3]《周盛让诉陈守勋欠债案》，浙江龙泉档案馆藏，档案号：M003-01-16712，第3页。

问：算账的时候□□股东都在场吗？

算账是股东同面的。

问：赚亏多少？

廿二股除庙内一股，另有廿一股分派共七个人。

陈守发三股，我六股，陈守勋二股，陈守兴三股，陈守功三股，叶时寿三股，张角奶一股，共廿一股分派。[1]

亏本两千七百多，每股应派一百二十九元四角多。[2]

乞察做菇亏耗股本，各股友共同负担，均已依股份摊派。[3]

"一切生意均系周盛让经理"一句，正反映了这种雇佣制下菇厂的运作形式，作为股东之一的经理负责菇厂的经营活动，并受到其他股东的监督。若是香菇生意赚钱，则按股份分红；若是亏损，则按股份承担摊派。这些股份的份数通常是二十个左右，每十股内设半股至一股神庙股。

既有菇主，则有许多菇民沦为菇厂主手下的佣工。佣工生活拮据，菇民歌谣中生动地唱道：

帮人做工难赚钱，少砍四两扣工钱，

一日三餐糙米饭，顿顿蔬菜是炒盐。

一冬辛苦无余钱，挽起行头转回槿，

双脚无力心又乱，眼泪汪汪见爹娘。[4]

时人所见之"夹衣单裤、手足冻僵"以及"蜿蜒着一群形容枯槁，鹑衣百结的队伍"等景象，当多是此类辛苦的菇工了。

还有菇民自集资本自营菇业的形式。20世纪30年代左右，对于

---

[1]《周盛让诉陈守勋欠债案》，第28页。
[2] 同上，第26页。
[3] 同上，第34页。
[4]《香菇之源》，第81页。

第一部分　菇民经济

菇业的多次调查中提到"菇民进山种菇，多自集合股本经营，资本自几十至几千万元不等。如菇民资本不足，可向菇行借款，至收菇时，将所产之菇运交该行代售。"[1]《闽北种制香菰之调查研究》中也提到："菇民初抵菇厂时，香菇尚未出产，其粮食之类，或向山主借贷，聊或向菇行借款，如月利息甚昂，约以产菇时交还本利，或有菇民在庆元时，向附近菇行家借款，至产菇时以菇价折还本利……"[2]足见这些自筹资本自营菇厂的菇民，由于资金不如大菇主丰盈，除去租山拚树之价后，已经所剩无几，平日开销，多需向菇行等借贷，生活之艰难可见一斑。

龙泉档案中也有菇民合伙做菇的记录，如叶天积诉状称："民于本（1923年）旧历七月间去价向上田村叶必瓐承故父叶枝让手，与叶必恒、必永兄弟，合伙向江西省广信府上饶县黄兆元主处拚来有土名里梓坑地方青山一处，放作香菇生业，公立叶丑立客号无异，衅因枝让已故，其子必瓐未便出门，于七月间托民与必恒兄弟等声明，必瓐丧父无暇，欲将归自己名下三成之生意出售，必恒凑成全业……必瓐曾将己分名下十成之三出卖与民为业，当经柳轩炳在见，缴批足电，直至本旧十月廿三日，始向被告商定启程……"[3]在此案中，叶天积与叶必恒等人合出资本，但各个股东仍需亲赴上饶作菇，叶必瓐若不是因为父丧，应当离乡前往上饶，叶天积也说"因菇业期间以促，隔省路遥，鞭长不及马腹，香菇乌有，资本何存"，同样需要亲自参与生产，这与上文之连立生、周肇恒等人有很大不同。

既是合伙，必然有股份。在此案中的菇厂股份构成为：叶必恒"与

---

[1]《龙泉庆元景宁三县菇业调查》，《浙江建设月刊》第8卷第6期，第31页。
[2] 谢循贯：《闽北种制香菰事业之调查研究》，《英大周刊》第8期，1937年，第34页。
[3]《叶天积诉叶必恒恃强减分案》，浙江龙泉档案馆藏，档案号：M003-01-13352，第3页。

代头村叶必永，银代村吴正清合本王江西上饶县拼木放菇，足费资本洋二百余元，订载簿据，民合四股半，其两人各合三股，而所余半股作五显大帝座前祈祷之用。"[1]

又如吴逢旺诉吴逢汀等窃盗菇款案中，吴逢旺和吴逢汀等的菇厂也是采用同出资本，同出劳力的形式："民与被告吴逢汀在建宁县东乡合伙做有香菇一蓁。"[2]从诉状和笔录中都可看出，吴逢旺等需要在蓁做菇，否则不会有吴逢汀趁吴逢旺外出之时卷走起存放蓁中六百元之事。且"本年大历二月初旬出售香菇三百余斤，共计法币两千余元。除开支伙食及还回帐外，各人得分六百元"[3]，看来也是自负盈亏，当是自营无疑。

这些合伙的菇民，大多都有着或近或远的亲缘关系，如叶必恒、叶必永就是兄弟。从和解书上看，叶必瑷和叶必恒等也是亲属关系。吴逢旺和吴逢汀从名字上看，似乎也同属同一家族。这种血缘色彩浓厚的合伙制的出现并不是偶然的，而是为了保证菇厂运营的安全和稳定。

同为种菇者，他们之间的贫富差距又是如何产生的呢？菇民前往外地种植香菇，粮食和拼山两项是前期投入的大头。1921年，叶必恒等人前往江西"拼木放菇，足费资本洋二百余元"。[4]1934年，龙岩村菇民吴正平于安徽拼来山场一座，"即日交现金三百元整，开衣交平菇三十斤，当旺交平菇四十斤。"1947年，庆元菇民叶光昌花费法币二十六万元于江西浮梁北辰坑村拼来一座山场，其拼价较田租和单纯拼山砍树高昂许多，风险自然随着投资水涨船高。且菇民种菇，丰收与否很大程度上要看天气如何。"甲子初逢春雨多，菰树涨了无奈何。菰孕未产先烂了，驮遂香菰

---
[1]《叶天积诉叶必恒恃强减分案》，第12页。
[2]《吴逢旺诉吴逢汀等窃盗案》，浙江龙泉档案馆藏，档案号：M003-01-5478，第5页。
[3] 同上，第5页。
[4]《叶天积诉叶必恒恃强减分案》，第12页。

大统无。若问春菰怎样无，去冬无雪春雨多，日日都是寒冰冷，天不回暖不发菰。"[1] 若是碰上如此恶劣的天气，香菇歉收，不仅无法获得利润，连成本都很难收回。所以菇民亏损乃至破产者不少。如上文之周盛让等人，以及"经营菇业"欠债无法偿还而破产的连朝金。[2] 此外，菇民还面临着其他威胁，或是野兽破坏菇木偷吃香菇，或是被盗匪洗劫一空，都影响了菇民的收入状况。这些不可捉摸的因素难以被菇民的主观努力所消除，周家兄弟的传说中，兄弟几人或武功高强，或善捕野兽，但他们仍需得到山魈之助，驱逐野兽，吓退盗匪，才能发财致富，正是反映了无常的自然环境对于菇民的巨大影响。换而言之，运气在菇民眼中成了决定其盈亏的一个至关重要的因素，无怪乎菇民均热衷于求神拜佛了。

这些有着自己薄产的菇民，生活自然比无产的帮工要宽裕一些，但这并不代表其不受剥削。因其在菇业之投资与销售端，尚仰菇行鼻息生存。

第二节　菇行

菇行何时出现难以考证，但在民国初年，菇行就已经渗透到了菇业生产的各个环节，表明菇民之间的分化与分工达到了新高度：一部分菇民完全脱离了菇业生产，转而从事投资、放贷和销售等业务，逐步占据了菇业利润的大头。

一、菇行的运作模式

菇行大多开设在靠近香菇产区的水陆交通便利之地，所谓"第一

---

[1]《今时传古章第九》,《菰业备要全书》，叶16a。
[2]《周炳坤诉连朝金噬欠借款案》，浙江龙泉档案馆藏，档案号：M003-01-3471，第7页。

开行寻埠头，上山下水要长流。上达森林下通海，开张骏发一马头"[1]，如福建之建瓯、沙县，安徽之屯溪，江西之婺源、景德镇等交通便利之所，汇聚了大量的菇行。菇行的开办者，自是有钱的菇民。如"合大菇行，系由相对人周春林、周盛郊、周永赞等合资开设"。周春林、周盛郊都是下田周氏较为富裕的成员，周盛郊曾是当地保长，且其在与原告叶世根所属菇行的交易中，"除透支国币二万六千六百卅元外，尚存平菇九十六斤未售。"在一桩交易中便可调动较多资金，这几位股东的资本必然较为丰厚。同一些大菇厂一样，菇行的经营主要也依靠经理。"菇行的组织至为简单，一般是老板一人，管账一人，烧饭一人。"[2]《菰业备要全书》亦提到菇行的人数其实不多："第二开行文墨精，一到埠头有人知。招牌大字写的好，流水清总记得明。第三开行算盘精，厘毛丝忽算分明。上山下水都一样，只要来龙住顾多。"[3]在周春林、周盛郊合资开办的菇行中，周春林便是运营菇行的经理，股东周永赞就称："我是股东，我不大熟悉，都是周春林亲手的。"[4]其兼老板与管账于一身。正是由于组织简单，所以菇行的流动性较大。周春林等人的菇行便是"临时性质"，并非长期开设。

菇行最基本的功能是从菇民处收购香菇然后向外销售，一些规模较大的菇行也从小菇行那收购香菇，形成了菇民—小菇行—大菇行三级收购体系。如民国十九年（1930）叶恒丰记菇行收菇簿载，十三日收"同仁信行平片五十斤半，计七十七元"。两天后收"承昌行平菇八十五斤半又平片十四斤十两，计大洋一百三十七元，立手大洋五十

---

[1]《开香菰行章第七》，《菰业备要全书》，叶15a。
[2]《菇行见闻》，《庆元文史》第7辑，第41页。
[3]《开香菰行章第七》，《菰业备要全书》，叶15a。
[4]《叶世根诉周春林等吞没菇价案》，浙江龙泉档案馆藏，档案号：M003-01-9002，第27页。

元"[1]，又向永大行、宏隆行、沈茂昌行等多家菇行收购香菇，业务颇为兴盛。收购香菇之后，菇行要将其运输到外地，一般为上海、广州等大城市售卖。叶恒丰菇行的账本中就记道："将厚片一件即送杭州江干扎口万通□行，转运上海大东门黄禹记行查收。"[2] 1938年《连立生诉金天春等盗卖香菇案》中也提到香菇经菇行运往上海："计共产出香菇十一件，经被告运赴安徽歙县所属齐武站永通行转运上海销售。"[3] 广东是香菇销售的另一中心。位于景宁英川五显庙的《三合堂碑》云："浙江处州府龙庆景三县多人在广省韶州府等处香菰生理，从前未建公馆。近今议抽厘金，置买栈房一所，在韶州府城内王名风度街、花楼上大街，名之三合堂，盖取三县合置之义也。"[4] 以《毛呈理盗卖香菇案》为例，被告称"民前在江西浮梁县经营香菇……托新华行运上海脱售"[5]。因为时值解放军渡江，长江以南兵荒马乱，交通停滞，在自广州返回之同乡叶马赐的劝说下，毛呈理不得已将香菇运往广州一德中路托"公昌成行"售卖。[6]

菇行收菇销售到外地，自是为了获得利润。菇行剥削菇民的第一种手段便是定价权。菇行之定价权，在于其垄断了香菇的销售途径："香菇出产均须挑至菇行过塘代卖，不许私相授受。"[7] 菇行对于香菇定价的控制，最主要的有两种：一为吃盘抛盘，即菇行老板视菇价之涨跌趋势高抛低入，而对于菇民的价格则按照低价来算。如《叶世

[1]《叶恒丰记菇行收菇簿》，龙泉香菇博物馆藏。
[2] 同上。
[3]《连立生诉金天春等盗卖香菇案》，浙江龙泉档案馆藏，档案号：M003-01-553-2，第66页。
[4]《三合堂碑》，同治二年，景宁包坑口五显庙藏。
[5]《毛呈理盗卖香菇案》，浙江龙泉档案馆藏，档案号：M003-01-5111，第24页。
[6] 同上，第25页。
[7]《叶赐标诉叶举炳等狡串诈财侵占案》，浙江龙泉档案馆藏，档案号：M003-01-3588，第108页。

根诉周春林等吞没菇价案》。叶世根在诉状中称："因当时菇价跌落，民等急欲回家，曾与相对人等约定，该项存菇未得民等同意，绝对不能出售。相对人等当时并无异言。目下菇价上涨，民等当向相对人等接洽将菇出售，讵相对人等胆敢朦称菇已出售。希图吞没菇价。"[1]在该案中，周春林所开菇行正是使用了"吃盘抛盘"这一手段，高价售出香菇，而按照原先的低价与叶世根结算。二是压级提货，菇民挑到菇行的香菇需经过菇行老板的鉴定，若是把好菇说成次菇，厚菇说成薄菇，便可压低价格。[2]不过，菇行也不能无限地盘剥下去，菇行之间竞争激烈，仅建瓯一地，便有三十至五十个菇行，若压价太狠便会失去货源。由此，《菰业备要全书》中劝说："第五菰行货办真，公平交易有名声，厘毫莫欺方寸己，权衡四海有名声。"[3]但是，菇行会采取类似"卡特尔"的联合形式，集体协商出一个可以接受的收购价格。例如在1924年，菇价低落，叶耀廷记道："过了一年十三年，景镇各行不付钱。菰价跌了几十块，山客支钱叹苦连。"[4]显然这是景德镇各个菇行的一次联合行动，在预期收入不佳的情况下，集体拒绝向菇民预付菇款。而且，传统的菇帮组织与民国时期的同业公会，为菇行的联合提供了有力的组织条件。《菇民研究》中称："闽省各处虽有菇业公会组织，但其构成份子，为菇行而非菇民。"[5]

菇行在资本筹措方面也发挥着重要作用，亦在此项目上赚取高额利润。菇民在资金不足的情况下，会向菇行借款。如开设菇行的李承迪"近有菇客李先贵，于民国十五年冬向民栈借去银洋一百余元，在松溪北乡

---

[1]《叶世根诉周春林等吞没菇价案》，第4页。
[2]《菇行见闻》，《庆元文史》第7期，第41页。
[3]《开香菰行章第七》，《菰业备要全书》，叶15a。
[4]《今时传古章第九》，《菰业备要全书》，叶16a。
[5]《菇民研究》，第15页。

第一部分　菇民经济

龙井坑制造香菇"[1]，叶恒丰行之账簿中有"王有季，仁字坑，借来大洋一百元正，十六日收去大洋八十元正。王礼传，黄万代（岱），借来大洋二百元正，初二日收去大洋二百元正。叶大德，龙井，十九日借来大洋二百元正，初三日收去大洋二百元正"[2]等菇民借款的记录。这些条目还特意标注了借款人的住址，若拖延不还，菇行便会派人上门催款。贷款的来源，一是菇行老板自己的资金，二是"由菇行向当地殷商富户贷款"[3]。借款利息极高，借取一百元，偿还之时就要付一百五十元乃至一百八十元，[4]因此为时人所诟病，"聊或向菇行借款，如月利息甚昂，约以产菇时交还本利"[5]。陈国钧说得更为直接，直斥"菇行老板不管是龙庆景三县人还是外省人，一样的是吮吸菇民身上血的臭虫。他们当菇民青黄不接之际，向菇民放出高利贷，并预定本年产菇须经其菇行过塘经售，售价不由菇民自主，因为他们认为自己是菇民的债权人，因此菇民只好任重重剥削。"[6]

尽管菇行在销售端和投资端都在剥削着菇民，但在竞争激烈的市场环境下，为了拉拢货源，菇行采取了不少措施来笼络菇民。如叶耀廷所言："第六开行结人情，大小各客一样平。古话做客望时运，囚龙也有上天时。第七开行支待人，一见客来便抬身。烟茶莫论贵贱客，言语奉敬悦人心。"[7]每年元宵与二月初二之时，菇民到菇行聚会，

---
[1]《李承迪诉李朱氏等欠债案》，浙江龙泉档案馆藏，档案号：M003-01-6090，第33页。
[2]《叶恒丰记菇行收菇簿》，龙泉香菇博物馆藏。
[3] 萧子温：《解放前南平香菇生产概况》，福建省南平市政协文史组编：《南平文史资料》总第4期，1983年，第72页。
[4] 县政协文文史组整理：《香菇史话》，政协建瓯县委员会文史资料工作组编：《建瓯文史资料》第4辑，1983年，第101页。
[5]《龙泉庆元景宁三县菇业调查》，《浙江建设月刊》第8卷第6期，第34页。
[6]《菇民研究》，第5页。
[7]《开香菰行章第七》，《菰业备要全书》，叶15b。

在市场上进行香菇交流会，菇行要置办盛筵招待。平日菇民到行里，要安排膳宿，伙食费半价收取，宿房费则免收。菇行在组织香菇生产，沟通销售渠道上也有一定的积极作用。[1]

二、菇行之弊端

虽然菇行在资本筹措以及销售方面有着难以取代的地位，但其高额的贷款利率和抽取的中间费用严重阻碍了菇业资本的增值。按1921年叶必恒案中所提到的数据，叶必恒等三人于1919年投入本洋二百余元前往江西种菇，共合十一股，每股平均二十元。到了1920年，叶枝让向叶必恒"求合清股"，叶必恒从自己的股份中抽出一股，计四十三元卖与叶枝让。一年之中，若不计算通货膨胀的因素，该菇厂之股本增加了一倍。菇价高昂之时，以1923年为例，作为菇行聚集地的景德镇收购冬菇的价格为二百余元。"表起民国十二年，菰价鼎好第一年。广东冬菰五百块，景镇也有两百零。"拼山的成本亦随之升高，"山客拼榀不怕贵，一百洋钱拼百榀"，[2]亦是一倍左右之利润。同样地，1938年，连立生之菇厂产菇一千二百元，按20世纪30年代初的菇厂投入成本以及十多年的通货膨胀来计算，估计连立生菇厂成本约在四百到六百元，也就是说，连立生可以获得两至三倍的回报率。若菇民是向菇行贷款投入生产，菇行收取百分之五十至八十的高额利息，加之各种杂捐及采买米、盐、衣物等生活必需品，菇民便所剩无几了。菇民歌谣云：

香蕈客，洋钿赚三百。

蕈行本利还一百，

---

[1] 何须：《解放前的庆元香菇行》，余绪主编：《庆元纵横》第4期，2000年，第44页。
[2]《今时传古章第九》，《菰业备要全书》，叶16a。

税款囤郎（中介商蕈行老板）抽一百，

地方杂捐刮一百，

三月遭家袋里无钿空晃晃。[1]

"三百"在菇民歌谣中反复出现，如菇乡儿童的《讨饼谣》中称："蕈山客，洋钿赚三百。蕈山饼，分我咥。"菇民出门所唱之《出门客》中亦有"出门客，赚钿赚三百"之语。结合民国初年案件及契约中租山所花之银元数额在两三百元之间，毛利润大约一倍。但是，除了租山外，菇厂还有许多别的支出项，其中的大头就是伙食。民国廿三年（1934）六人合作的叶合记菇厂出入流簿就记录其十月份伙食开支为："十月十四日，支火食大洋六角七分。十九日支火食大洋一角。付买肉大洋一元。十八日付买盐大洋五角。廿八日，付买盐大洋一元。"十一月的开支为"买盐大洋一元，买肉大洋一元，买鸡大洋一元三角，又买盐大洋一元四角，买肉大洋一元"。[2] 月均四五元的伙食支出，按菇民外出六个月来计算，又要将菇民售卖香菇的钱剥去二三十元。加上其他的杂项如祭祀活动、生活用品的开销，维持一个菇厂一年的运转需要五六十大洋。如果发生了突发状况，其支出还要增加。如叶合记菇厂因香菇被盗请出公人调解，又"说话人去大洋四元，开公长（场）买肉大洋四元，买香菇大洋二元，出菜米大洋八角"[3]，若非偷菇贼被罚大洋二十元，这种调解也将是一笔巨大的开支。普通菇民所谓"本巨利微"[4] 并非夸张之语。

从清代到民国，传统菇业的经营规模一直不大，这主要是由砍花法的自然禀赋所决定。砍花法所需的菇木，往往被限制在少数几种，如栲

---

[1]《庆元谣谚》，第43—44页。
[2]《叶赐标诉叶举炳等狡串诈财侵占案》，第5页。
[3] 同上，第19页。
[4]《吴大杨诉吴耀桂偷窃案》，浙江龙泉档案馆藏，档案号：M003-01-16900，第9页。

树、枫树，而一座山场中，若非经过专门的人工栽培，这类树种的数量必然不多，即使继续投入人力，香菇产量也不会有显著提高。并且，山主出租山场并不会因为菇民只需砍伐特定树种就降低租金。如上文所述，拼山的成本占据菇厂成本的大头，许多菇民尚需通过借贷来凑齐这一部分款项，而菇行之贷款，一方面由于菇业风险较高，一方面由于菇行及其当地富户需从中赚取利润，造成了贷款利息居高不下，更加剧了菇民资金的紧张。由此，拼得单个山场，维持一个较小的菇厂便成了绝大部分菇民最好的选择。

在人数较少的情况下，菇厂合伙者或工人的选择，更倾向于有血缘关系的亲人，所谓"第七请脚要亲人，不论帮自帮别人。当面背后都一样，算得工人的忠心。"[1]

小规模和分散化的经营模式固然给资本不足的菇民参加生产提供了一定的方便，使得耕地稀少的菇乡空前繁荣起来，但抵御风险的能力亦随之下降。在以往，传统菇业面临的竞争较少，所谓经营风险，不过是气候变化如雨水过多、气温过高等，菇民尚能承受一年之损失，期待来年的丰收，单打独斗的经营模式利大于弊。但自从日本菇业崛起以及国内战乱之后，形势便大为不同。在日菇的冲击下，三邑菇业的生存空间日益被挤占。而动荡的国内局势，则进一步破坏了香菇销售市场，阻碍了菇民外出种菇的渠道。菇民之资本，大多来源于菇行和本地富户，一旦香菇滞销，将直接导致菇行资金枯竭，菇民的大量破产也不可避免了。

---

[1]《伙计帮工章第三》，《菰业备要全书》，叶13b。

第一部分 菇民经济

第三节 菇帮

菇帮是菇民建立的行业公会组织。究其成立缘由，当与菇民颇为分散的生产组织形式息息相关。从菇民"大闹九江府"的传说中便可窥见一斑：

清道光三年（1823）十一月，在江西永兴县制菇的菇民吴义吉，妻子早亡，身边带着一个18岁的女儿。当地财主周老七见其女儿颇有姿色，就动起了歹心。一日，义吉上山采菇，周老七借着收取山租名义，闯进菇寮，欲行强暴，其女拼力反抗，周老七恼羞成怒，便一拳打在她的太阳穴上，自己逃之夭夭。等得义吉回寮，这位可怜的少女早已断气了。义吉告到县衙，知县以"查无证据"为由，不予受理。消息传开，菇民们咬牙切齿，于是联合就近20余县的菇民闹到九江府衙，迫得知府大人不得不将罪犯缉拿归案。[1]

该则故事显系菇民虚构，但其中所透露出的菇帮成立缘由却较为清晰。周老七系吴义吉所租山场之山主，将山主塑造成一个好色的歹人，也许反映了菇民与当地民众之间的土客矛盾。而故事中的知县包庇周老七，不予受理此案，最终引得菇民震怒，这就引出了菇民组织菇帮最重要的目的：保护自己不受当地人以及当地行政机构的欺压。相对当地人，菇民显然是弱势的一方：一个菇厂坐拥一片山场，菇寮中成员却往往只有寥寥数人，与本地人相比人数上便落了下风。在菇民口口相传的故事里，土客纠纷的解决，绝大情况下需依赖菇民的个人魅力和机敏应变，而非以力取胜。如一则因老虎伤人而引发纠纷的故事里，当地的"理事人"因菇棚对联"身骑黑虎广招财"一句，纠集数十人来到菇棚敲诈，

[1]《香菇之源》，第16页。

菇民只得搪塞称"三千六百年前的商朝申公豹才是骑虎的",最后依靠一老年菇民牺牲自己掐死老虎才得以洗脱冤屈。[1]

相对于这种无妄之灾,山场界限纠纷更是常见之事,叶耀廷便提醒道:"第二拼山界限清,四水归内都拼来。莫听牙郎乱作教,莫被中人笔下呆。第三拼楠要己山,拼成日后无交争。众山恐怕强欺弱,强人做事怕不长。"[2]便是菇民自己的山场也常常因为界限不清,权属不明而引发诉讼,在外地租赁山场时,人生地不熟,此类纠纷更易发生。又因晚清吏治败坏,兼之开征香菇捐,菇民的权益受到当地政府的侵犯。"第四出门官话清,不怕官来不怕兵。""第五出门话公平,国乱查夜报正名。"[3]菇民谣谚虽唱道"不怕",恐怕其中的内涵却是"怕官怕兵",因此才要小心应付。双重压力之下,菇民选择结成一个团体维护自己的利益,自然水到渠成。

菇民的生产习惯也是促成菇帮形成的重要原因。因其长期在外做菇,因生意往来等与另外两县菇民发生了密切联系,桎梏他们的行政地域在一定程度上被打破。而长期在外做菇又分散在各个山场中的菇民,彼此间的利益冲突与资源争夺情况自然相对较少,菇民间的相互合作与帮扶成了主流。在菇民故事里,此类情况颇为常见。如在江西某村,菇民与当地村民发生冲突时,便集合附近十八个菇厂的菇民共同应对。[4]由此,在缺少内部竞争压力而外部压力尖锐的情况下,跨越地域的行业联合体才成为可能。

菇帮的领导机关,乃是分布于各个五显庙旁的"菇帮共所",均以"三合堂"为名。景宁英川包坑口五显庙同治二年(1863)《三合堂碑》云:

浙江处州府龙庆景三县多人在广省韶州府等处香菰生理,从前未建

---

[1] 《菇民与香菇》手写本,第172页。
[2] 《拼楠山场章第二》,《菰业备要全书》,叶13a。
[3] 《出门做楠章第四》,《菰业备要全书》,叶14a。
[4] 《菇民与香菇》手写本,第142页。

公馆。近今议抽厘金，置买栈房一所，在韶州府城内王名风度街、花楼上大街，名为三合堂，盖取三县合置之义也。但业虽三邑所公共，契必择一家以存拾。因凭公议，将原买印契存于龙邑余增蒸家，将原契字样勒石竖于景邑包坑口村五显大帝庙侧，俾久远得以查考。[1]

该碑称"浙江处州府龙庆景三县人氏在韶办香菇生理三合堂众等承买为业"，菇民既以"三合堂众"自称，则当时三合堂便已存在。

菇帮运转，全赖菇行和菇厂提供资金。而菇行作为菇业生产循环的核心，自然在菇帮中占据主要地位。菇帮领导层为二十三个菇帮董理，号为"廿三董"。均为菇行老板或大菇主，其职能除了维护菇民利益外，最为重要的是筹措一年一度的菇神庙会经费。菇神庙之资金，多来自菇厂股份中的"大帝爷股"，这种在菇厂资金中强制抽取半股的做法，一直为菇民所继承。如置于龙南乡下田村五显庙的光绪四年（1878）的《菇帮缘碑》，署名者便是"香菇帮同众立缘"，光绪九年（1883）的《捐厘碑》，同样也是"香菇帮同立"，可证菇民以菇帮作为整体的代表进行庙会活动。民国时期，菇帮仍然在发挥其组织庙会的职能，民国二十年（1931）《菇帮服色碑》记录了为菇神庙演戏娱神活动更新服色的捐款活动。该碑署名"菇帮董理张世根"，证明在20世纪30年代，菇帮的领导结构仍然未发生大的变化。

菇帮也行使一定的裁判权力，约束菇民行为。最著名的案例便是1924年龙泉菇民叶耀廷因写就《菰业备要全书》，被菇帮领袖认为其泄露种菇技术秘密，被判罚在龙泉下田菇神庙请戏二场，所印的一百本书大部分被收回销毁。

菇帮这个概念与组织的出现，代表着菇民对自身的认识发展到了新高度：这一菇民群体明确地认识到了自己与一般农民在经济上的不同之

---

[1] 《三合堂碑》，同治二年，景宁包坑口五显庙藏。

处，在与菇业相关的语境中，菇民称呼彼此为"菇帮同人"或"菇帮友人"[1]，意味着其以行业公会组织的形式，初步构建起了一个共同的身份认同，为日后"菇民"群体意识的发展打下了基础。然而，这并不意味着菇民将自己同其他民众完全区分开来，原因在于，田业和山场这两种营生，在菇民的经济活动中仍然扮演着重要角色。

第四节　菇民的田地与山林

菇民辛苦经营菇业所得来的钱财，一般不会选择扩大种菇规模，而是购买田产。菇民歌谣中唱道：

> 去蕈山，有银担，明年转家三月三。大半银钿买山田，余剩银两买衣衫。若要良田千万畈，多做麻糍去蕈山。[2]

另一首歌谣云：

> 遮好櫚，劈好山，收拾行囊回家乡。回家乡，插田秧，带回洋钱一二千。一半洋钱买田山，一半洋钱买布衫。欲想明年更发财，冬做麻糍来菇山。[3]

这些歌谣反映的正是菇民在种菇赚钱之后购置田产的行为。民国时期，菇民购买田业的热情依然不减。1921年《郭国丰诉郭国利揹陷活业案》中，原告就是通过做香菇赚了钱来回购其父抵押给他人的田产："今春幸邀天眷，做菇稍得盈余，以口食重要，拟将该活卖田业原价赎回。"[4] 1942年郭从西诉郭从修案中也提到"声请人迩以食粮关切饥饿时虞"[5]。可见，

---

[1] 《菰业备要全书》。
[2] 《庆元谣谚》，第42—43页。
[3] 《香菇之源》，第81页。
[4] 《郭国丰诉郭国利揹陷活业案》，浙江龙泉档案馆藏，档案号：M003-01-11780，第4页。
[5] 《郭从西诉郭从修贪业活揹妨害典权案》，浙江龙泉档案馆藏，档案号：M003-01-11872，第3页。

第一部分　菇民经济

菇民对于田业的重视，在于他们对于"口食"的关注。相对于靠天吃饭、价格涨落不定的菇业而言，田业出产的粮食可以自己食用而不必进入市场，也就不会受到市场价格起落的影响，加之稻谷的天气要求较香菇来的宽松，这使得出产稻谷的田产成了菇民的避险资产。购入田地之后，或是自己耕种，或是租予他人，总归在菇业不振时，不至于饿死。但是，菇民所居的山区田土稀少，所有能种田的荒地，在民国前当已经开发完毕，各归其主。所以，他们手上的田业，几乎都是祭田或遗产。

在几个大宗族中，祭田尤为常见。以蛟垟叶氏为例，在叶文茂诉叶文通吞噬田租案中，就提到叶氏先祖在离蛟垟不远的大坪，为后人置办了一些田产："缘民有合得自己名下股份大坪祭田租谷二百一十勱，向归被告人叶文通父子一家耕种，递年纳谷二百一十斤，日前叠有积欠。"[1] 被告也称："民与叶明武等有承祖遗下五房众产祭田五丘，土名大源塆，安着计租七石五斗，该田原告人自清光绪元年耕种起，历收焦谷，民已分下递合一石五斗，均系原告收去……"[2] 可以看到，此处祭田所产之谷并非单纯为祭祖所用，而是依照份额分予各房支配。除了祭田以外，该叶氏族中还有学田以激励族众读书上进："缘先祖光立公置有书灯田一标，坐落龙邑东乡大岭后庄，土名大荒田安着……该项书灯田租谷一千八百二十勱，递年系前清武生叶明金叶文郁二人收益平分，今民等之子，均经高等小学校毕业，该书灯田租，理应归民等之子收益。"[3] 处于下田的周氏同样置有祭田，始迁祖景珠公"遗有祭田三段，土名北坳，田二丘，船掌丘，田一丘，南坑源歇场路下二面田一段，支下子孙四房轮流祭扫，粮随轮年完

---

[1] 《叶文茂诉叶文通吞噬田租案》，浙江龙泉档案馆藏，档案号：M003-01-13287，第4页。
[2] 同上，第31页。
[3] 《叶文茵等诉叶文金叛翻成议霸噬书灯案》，浙江龙泉档案馆藏，档案号：M003-01-16003，第3页。

纳"[1],从族谱中的描述来看,该祭田似专作祭祖之用,各房轮流收取田租,一部分用作清明祭祀开支,一部分收归自用。除此以外,景惠公次子茂吉也遗下"溪边门口田二丘,以作六房永远轮流"。可见在周氏迁居下田之初,族中便有祭田存在,随着宗族的发展壮大,族中祭田应当也有所增加。所谓"年尾交冬谷进仓,做曰麻糍离浙江,外省深山做蕈去,年头还乡种田忙",做菇与种田,构成了菇民收入的大部分。

由于缺乏对田产的官方登记,菇民对田业的占有,主要依靠契据实现,"民间田业,以契约为强有力之证据。"[2]即使这块田土经过官方登记,法官在处理田产纠纷案时,也多依靠上手老契来判断田业归属,而非官方登记上的名字。

由于地处山区,山产也成了菇民的另一项重要资产。不过,菇民在山地间并未种植苞谷、靛蓝等经济作物,而是依靠木材赚取一定收入。在晚清,菇民间的山林区块交易就已经相当频繁了。菇民所拥有的山地产出,多为杉木。如《梁绍康诉季火等等盗砍杉木案》中,梁绍康所管山地出产当主要是杉木:"相对人竟敢欺虐声请人父故丁孤,胆敢侵入声请人契管山内,盗砍杉木六十一株,锯作木段二百四十一件,并盗盖铁印'陈升和'字号,意图待水抢运。"还有毛竹、竹笋等:"毛竹、笋都有的,毛竹、笋是很少的。"[3]这块山产,就是梁绍康父亲"于清光绪三十一年向叶金德受买有杉木杂木竹山一处"[4]。山地的树木,除了自己砍伐售卖外,还有拼给他人的。在与梁绍康有关的另一个案子中,告诉人张祖舜自述"民于本年五月间向本村张大宗等众边拼来土名横坞

---

[1]《下田周氏宗谱·像赞》,同治三年。
[2]《郭士迪诉郭士粲不肯赎田案》,浙江龙泉档案馆藏,档案号:M003-01-11812,第10页。
[3]《梁绍康诉季火等等盗砍杉木案》,浙江龙泉档案馆藏,档案号:M003-01-12169,第17页。
[4] 同上,第4页。

安着山木一庄，计数六十三株"[1]。这六十三株树从后文"窃取杉木二株"看，也是杉木。松木也是山产中常见的木材。如《叶发水诉叶奶儿窃盗案》："缘告诉人于本年二月曾将自己分关内坐落安仁麦须寮处后，土名鸡鸣岩下中心山内砍有松树三十八株，锯成松段一百二十九件。"[2] 砍下来的木材，先是通过人力搬运至水运发达之口埠，然后通过河流运往山外。离菇民所在东乡较近的口埠便是安仁。"至六月间曾雇佣工搬运至安仁村桥头堆存……不料相对人目无法纪，胆敢于农历八月九日将民堆存安仁桥头之松段悉数盗运至安仁口埠，恐相对人不日即将整筏运永嘉出售。"[3]

除杉、松外，菇民的山地还有其他产出，如用作肥料的山楂。"窃告诉人有楂山一处，递年春间种田之时，告诉人靠此山楂割到田内以作肥料。"[4] 还有一些水果，如梨树："缘告诉人等于土名东坑山中，种有梨一株，该梨本年甚丰熟，约计有三百余斤，可值六千余元。讵被告张招芝，胆敢本年古历七月初九日，将告诉人之梨盗窃一光，事后被告诉人得悉，曾邀公人季兆华、季水善同被告理论，被告亦直认不讳。"[5]

这些木材非自然生长，而是由山主特意栽培，以期换取收入。"民畜木长大，费劲工本，若该木不被砍伐，留养数载，多得拼价不少。（盖

---

[1] 《张祖舜诉梁绍康窃盗客木案》，浙江龙泉档案馆藏，档案号：M003-01-12005-2，第10页。

[2] 《叶发水诉叶奶儿窃盗案》，浙江龙泉档案馆藏，档案号：M003-01-3311，第7页。

[3] 《叶发水诉叶奶儿窃盗案》，浙江龙泉档案馆藏，档案号：M003-01-15958，第19页。

[4] 《叶起炎诉叶奉长等窃盗种料案》，浙江龙泉档案馆藏，档案号：M003-01-1551-1，第5页。

[5] 《周继奶诉张招芝盗梨案》，浙江龙泉档案馆藏，档案号：M003-01-2002，第5页。

龙邑习惯，木养大，价甚昂，俗云'寸木寸金'）"[1]这种植树行为，在当事人口中，一般称之为"养篡"。

除了这种经济性的山林外，还有不少坟山。坟山中的树木因为风水之故，均禁止砍伐。"民等太祖于明崇祯年间买有荒山一处，坐落坪田，土名外坳安着……山内安厝有太祖母蒋氏坟一穴，坟之四周养篡柳杉及杂木，原以护荫风水，距今已有数百年。递年清明上坟祭扫，远近均知，其为库粗坑叶姓祖坟，虽杂树枝柯，无敢樵采。因习惯上凡坟内树木，均所以护荫风水，如砍伐树枝，伤害风水，被人惩罚故也。"[2]

除了一般的出租和买卖以外，菇民还通过"活卖"从这些固定资产中获得收益。这一行为于田产和山产的交易中均存在。在银根紧缩的农村，活卖或者典卖作为一种缓解资金紧张，又不至于完全失去所有权的办法，经常为田主和山主使用。活卖，一种不定期限，如《郭立长诉郭士沂等揩陷活业案》："原告先母郭李氏于民国二十三年将土名五掟田租三石典与被告郭士沂，又土名鱼塘丘田租一石典与被告郭立盛，均系未定有期限之典权，契内亦订明不论年月远近，办得原价取赎。"[3]另一种是规定回赎期限，期限一过，该业便视作清业。"自雍正起迄今已有一百八十余年之久，依照现行法例，理无回赎。"[4]

菇民对于田产的重视不仅仅体现在经济上，在其文化中亦占有十分重要的地位。菇民族谱里，就曾多次出现称赞族中成员广置田业的话语。如蛟垟村《叶氏族谱》中便称："以田园广植，屋宇宏兴，不特为本里

---

[1]《郭从祠诉郭从记等盗砍杉木案》，浙江龙泉档案馆藏，档案号：M003-01-11731-1，第3页。
[2]《叶有增等诉李承迪等强砍坟树案》，浙江龙泉档案馆藏，档案号：M003-01-8005，第55页。
[3]《郭立长诉郭士沂等揩陷活业案》，浙江龙泉档案馆藏，档案号：M003-01-11768，第8页。
[4]《郭士迪诉郭士桑不肯赎田案》，第15页。

超群，即一乡亦堪媲美。"又赞"置田创业，栋宇维新"。[1]下田金氏族谱同样提到："松阳卯山分龙泉，安仁开基置田园""享静避嫌迁于此，广置恒产姓名香"[2]云云，足见家乡之"田园""恒产"在菇民心目中的地位，也正是因为菇民对于田产和山产的占有和使用与龙泉的其他民众并无分别，给予了菇民除种菇者之外的另一重身份认同：耕田的农民。随之而来的，便是晚清菇民身份的二元认知。

小　结

　　几个亲朋租下一个山场，结成菇厂，成了菇业生产的主要形式。由于砍花法需要的栲树、枫树等优质菇木在一座山场中的存量有限，无法让菇民通过投入更多人力来扩大产出，而且所需山场之面积亦大，导致菇业成本高企，这样，菇业成了一个资本投入极高的行业，只有极少数的大菇主才有足够财力运营数个山场。菇民要么依赖贷款，要么成为菇主之帮工。在此过程中，菇业大量的利润都被提供贷款的菇行和本地富户拿走。在菇业蓬勃发展的晚清，普通菇民尚有机会在这种剥削下取得一定的利润，一旦外部环境改变，这种榨取就变得极为致命了。以砍花法为技术基础，小规模的菇厂为组织形式，菇行提供资金的传统菇业，正是在这种"先天不足"中迈向了风雨飘摇的民国。除了菇业之外，菇民一般在家乡也有作为抵御风险的田产山林等产业。菇民从菇业中赚来的钱，许多都投入购置田产山地中，构成菇民向主流"耕读传家"的宗族文化靠拢的经济基础。

---

[1]《叶氏宗谱・族望》，民国八年。
[2]《彭城金氏族谱・金氏谱诗》，清道光二十七年至1990年合订本。

第二部分
晚清菇民身份发展的两个面向

晚清时期菇民二元的经济来源为其选择自己身份提供了两条路径，第一种如前文所述，围绕着菇业经济构建属于菇民的独特身份认同与文化，第二种则是向主流社会靠拢，将自己视为主流社会的一员。在这过程中，菇民之"历史"成为他们构建身份认同面向最主要的工具，无论是将自身塑造成特殊的菇业种植者群体，还是普通农民或商人的一员，菇民通过强调或隐瞒其特定的历史记忆，成功地塑造了自身的不同面貌。

在第三章中，菇民宗族的构建历程揭示了这一时段菇民身份认同塑造的主要倾向乃是融入主流社会而非强调其特殊身份。通过追忆宗族成员"官宦之后"与"耕读传家"之历史，菇民宗族被塑造为一个信奉儒家文化与道德观念的普通宗族，其族中成员自然藉此成了主流文化体系中的一员。他们对于这些主流礼仪的践行，如营造宗祠，购置祭田，参与科举等行为，亦是对此种身份认同的不断强化。这也是田产与山林在菇民精神世界中占据重要地位的缘由。而这些族众种植香菇的经历，在族谱中被特意隐藏了。但是，对经济利益的追求以及地方权力斗争的需要使得他们又不得不彰显其在菇业上的地位，所以，一些菇业传说便被创造出来，以此在维护其主流社会成员面貌的同时，在地方权力斗争中亦能取得优势。

当然，这两条发展路径并非泾渭分明，而是呈现出"你中有我"的交融态势。第四章所叙述的菇神以及菇民谣谚、戏剧等菇民文化产物，便鲜明地展露出以上特点。这些文化产物显然并非无源之水、无本之木，相反菇民对当时流行的民间崇拜、戏剧故事等有着相当的了解。菇民利用了主流文化中的各类素材，并将其重新整合编辑，使其符合自身实际和利益诉求，最终成就了现在看来独具特色的菇民文化。同时，与政权，尤其是皇帝的联系成了这些文化产物的显著特征，表明菇民对当时权力体系的了解与认可。

第二部分　晚清菇民身份发展的两个面向

第三章　边缘与主流：晚清菇民宗族的面貌

毫无疑问，对于清代政府而言，菇民无论从身份或是生活地域上，均处于边缘地位。菇民僻居深山，长期游离在政府视野之外。而在身份上，菇民一般被视作行商或是离群索居的棚民，这也就意味着，在正统政治与文化的话语中，没有适配菇民现实状况的空间。但是，菇民不认为自己是独立于主流群体之外的族群，这就使得菇民开始尝试在主流文化的掩盖之下，糅合自身特质，创造出一条新的发展道路来。这其中，菇民宗族的发展乃是这一趋势最明显的体现。

之所以选择此方面，在于宗族历史是区分自我与他者的重要标准，也是获取权力优势的重要途径。如萧凤霞、科大卫、刘志伟等学者在华南地区的研究揭示的那样，华南宗族通过构建自己宗族的历史，将自己同疍民之类的"贱民"和其他次等居民区别开来，并通过兴建神庙，举办游神活动等行为加以巩固。与华南宗族不同，随着菇业在菇民经济中占据着越来越重要的地位，菇民宗族构建必须兼顾与耕读传家不同的菇业需求。加之菇民在文化上的落后以及随之而来的科举失败，使其在塑造正统文化权威时遇上了无法将其转换为政治权力的难题，从而不得不在攫取菇业领导权上下功夫。

第一节　菇民宗族的发展历程：以蛟垟叶氏、下田周氏为例

清晚期至民初，三邑菇业取得了长足发展。但这并非因为菇业技术进步或者组织结构上的改进，而是香菇出口贸易在开埠之后的繁盛。按

— 65 —

闽海关的数据，我们可以看到大量的香菇经过福建一带向外出口：

表3-1　1899—1910闽海关香菇出口[1]

年份	出口量（担）	值（元）
1899	2698	182091
1900	3663	221898
1901	629	38531
1902	1980	150359
1903	3372	257188
1904	359	33656
1905	2444	
1906	817	
1907	2255	
1908	3140	
1909	2138	
1910	2751	
平均	2187	

注：1905—1910仅有福州海关一地数据

在闽海关出口的香菇，仅仅是外销香菇的一部分，更多的香菇经由广州、香港、上海等地向南洋甚至欧美出口，国内香菇供给相对短缺，拉高了香菇的价格。在此期间，高企的香菇价格不仅仅维持着本巨利微

---

[1] 资料来源：福建省政府编：《福建历年对外贸易统计》，福建省政府秘书处公报室，1935年，第88页。

的传统香菇生产模式,许多菇民更是依靠这高额的利润逐渐富裕起来。在菇业的黄金时代里,规模宏大的菇神庙及菇民宗族的祠堂都在这一阶段得以建立,为了争夺菇业中的领导权,菇民也主动地构建着自己在菇业生产史中的地位。

菇民宗族构建起步较晚,组织松散,亦无突出人物,以致长期为人所忽视。与菇民境遇类似之棚民的宗族研究,多强调其入籍过程及其之后的发展历程,如《清代棚民徽州棚民的来源与地方融入》[1]《从"棚民"到"归德"》[2]等。相对而言,菇民并没有棚民的入籍压力,一年中有半年在外从事棚居的种菇生计,半年回乡耕作,展现出与棚民截然不同的经济运作模式与政治诉求。

菇民现存族谱不多,其中又以下田周氏和蛟垟叶氏之宗族历史较为清晰明确,通过对这两个宗族族谱的梳理及在族众和乡里流传的传说,可知菇民宗族建设的面向并在此过程中管窥这一时期菇民对于自身身份的认知究竟呈现何种面貌。

下田周氏与蛟垟叶氏的宗族历史叙述都遵循着一个高度相似的模式:开基,建祠,科举,叙述了两个宗族一步步脱颖而出的历史。从"官员之后"到重新尝试获取功名,亦能见到周、叶二氏不断强调耕读传家的理念以及尝试向正统靠拢的过程。与之相对,在其宗族的历史叙述中,作为经济基础之一的菇业却完全没有得到相应的地位。这反映的正是菇民对于自身历史的剪裁,其宗族呈现的是其想要呈现的面貌。

"耕读传家"这一理念,为绝大多数宗族所秉持。也正是这一看似

---

[1] 曾小保、刘芳正、方光禄:《清代徽州棚民的来源与地方融入——以休宁周家源文书为中心》,《学海》2019年第3期。
[2] 徐伟:《从"棚民"到"归德"——江西省奉新县清代移民研究及相关文献的初步整理》,江西师范大学硕士论文,2010年。

极为普遍的理念，为我们理解菇民宗族构建以及蕴含其中的菇民身份认同提供了一扇窗口。以下将以下田周氏和蛟垟叶氏为例，揭示菇民族谱中强调"耕读"而非"种菇"反映的是当时菇民自我身份认同的趋势：通过践行儒家理念，成为主流社会的一员。

下田周氏这一支来到处州的始迁祖，乃是方定公。谱载，方定公"仕宋太祖皇封指挥，家封国公，因被长安之乱，使出括苍军务，就居括地，不回洪州之江西。今括即处州东门是也"。[1]不过遍查宋代史料及后世处州方志，无周姓国公踪影，宋初处州无论武职文职，亦无周氏者，这个"方定公"的身份，大概是后人虚构的。方定公迁居处州之后分为三支，"长自直仍居祖地，次自昌析居福建，三自宗析居周墩垟头，生七子曰种曰积曰穆曰稷曰秬曰秬曰科，家居其间，本枝繁衍，惟穆公析印章，科公析安福源头，是祖秬公析后溪垟头建基立业。三子多孙，绳绳之盛"。秬公八世孙周存公，迁居横坑头。迁居的缘由不明，但免不了一番卜居的说辞："至八世孙周存公皆习堪舆，能知地理。一日游至槎川一都横坑头，观其地山清水秀，形如真武坐堂，即同家室遂带白银数十，揭家到斯开基置业。"[2]

至康熙十九年（1680），横坑头周氏八世景字辈和九世茂字辈的十九位成员，"择析廿二都下田源底及溪边东坑吴小周村四处，开基创业"，其中，以迁居下田人数最多，共计十三位，分别为仲直、仲明、景会、景儒、景琳、景珠、景珍、景高、景元、景登、景蔡、景荣和茂甫。横坑头周氏之所以会在康熙十九年出现如此大规模的迁居潮，康熙四十四年（1705）的谱序给出了一点线索："切因近于山谷界连美（闽）地，虑有不测，兵寇火盗之侵。"[3]所谓"兵寇火盗"，当是说"三藩之乱"。

---

[1]《下田周氏族谱·汝南周氏源流谱序卷之四》，嘉庆二十二年。
[2]《下田周氏族谱·一都横坑头修录宗谱序卷之三》，嘉庆二十二年。
[3]《下田周氏族谱·重续周氏族谱序卷之六》，嘉庆二十三年。

横坑头靠近叛乱发源地之一的闽省，极有可能受到了一定冲击。加之迁海令和台湾郑氏政权的威胁，横坑头周氏一部选择迁入更靠近内陆的龙泉东乡，当是一个分散风险的明智选择。选择下田及其周边作为迁入地，则是因为"其土沃而平，其民庶而富；视其山峙岳如屏，左拱右揖，烟霞点缀，图画天然；流水如环，润下朝宗，鳞羽沉浮，脉灵地杰"[1]，这大概只是赞美家乡的一贯说辞，但若是比对龙南其他村落，下田村环境可称优越，"胜过别处多矣"之辞，出自康熙四十四年族谱谱序，其时去开基之十九年不远，未尝不是一种真实回忆。

康熙四十四年的修谱活动，尚由下田、溪边、东坑和吴小周村四地周氏族众合力完成，到了乾隆二十六年（1761），下田周氏便开始独立修谱了。此次修谱，"茂（瑜、裕、显），翁永泽，翁元发者遂将旧谱搜缵草稿，每房枝内妣名字讳考订详确，条理整然，日夜切心，其劳有所不畏。然支派之绵延，书之于简以示后人。若周氏后嗣诸翁者可谓知所先务矣。为其子孙者按图而观则世次以明，昭穆已别，不致为途人之相视。"[2] 撰者为康熙谱的撰者夏长琦之孙景宁庠生夏之莲。这次修谱的完成，标志着下田周氏作为一个独立宗族的出现。乾隆五十二年（1787），周氏再次重修族谱，不过，该谱与之前的族谱都未能保存下来。

之后，周氏的宗族建设迈出了重要的一步：兴建祠堂。同治三年（1864）《族谱》收录的《下田周氏宗祠记》云："下田之周也，自后溪徙也。前明时，存公初迁横坑头，自是而下，枝叶峻茂，其中流行散徙，颇亦不常厥居而曰止曰时。至康熙间，先后徙迁下田而居，始定其系，始繁其族，始大于是，奉宋指挥使自宗公为太祖，而以存

---

[1] 《下田周氏族谱·重修周氏家乘序》，嘉庆二十二年。
[2] 《下田周氏族谱·下田源底溪边东坑吴小周村谱序卷之五》，嘉庆二十二年。

公之始迁者当大别之宗，以下略用继高继曾继祖祢之法经之纶之，而直如引绳也。宗定矣，则谋所以栖魂魄者，而创为祠。孙承忠辈慨然曰：是吾责也，夫前辈志焉未逮，今敢不其承尔！乃即本村谋基址，相宅于族东偏而拱北者，即得卜则经营合族捐资，聚材鸠工兴作，始于乾隆辛亥之春，阅数月而告竣事。有寝有堂，神所依矣，有设厅以承祀，事无不给也。"[1]该记有一定虚构成分。首先，记中所言之"承忠辈"实无其人，另外，宗祠建设"始于乾隆辛亥之春，阅数月而告竣"，看来是在乾隆五十六年（1791）修建完成并投入使用，但同治谱所收之《像赞》提到了两位家族成员主持了宗祠的修建，一是希淮公，赞云："翁能积善，厥后克昌，不骄不吝，可久可长。传家忠厚，处世温良，董建祠宇，于前有光。"二是希丰公，赞云："翁之秉性，颖悟非常，多才多艺，克昌克方，不悖四达，冠乎一乡。存忠孝志，督建祠堂。"按同治谱的记录，希淮公"乾隆己亥年生"，希丰公与其同年，若《宗祠记》所言非虚，则希淮和希丰在十二岁时就领导了祠堂建设，实在匪夷所思。何况，宗祠修建于乾隆五十五年（1790），但在嘉庆二十二年（1817）族谱中却未曾提及此事，相反，在道光庚子（1840）年，才由"晖湖（吴）敦淳"写就该记，不得不让人怀疑该周氏宗祠的实际建成时间，实际上并非如记中所言那么早，而应落于嘉庆二十二年和道光二十年（1840）之间。

除了修建祠堂之外，在嘉庆二十二年到同治三年（1864）这四十七年间，周氏宗族也开始追求科举上的成就。这也和前文所提到的希淮公支有密切的关系。同治《谱序》云：

自道光庚子岁景邑吴先生新修其式甚善，其法愈良，不让古昔专美于前也，迄今二十有五年，丁男繁育，正宜登载之。族内有名长宗者，尊祖情殷，

---

[1]《下田周氏宗谱·下田周氏宗祠记》，同治三年。

第二部分 晚清菇民身份发展的两个面向

睦族念切,冠儒冠,服儒服,皇皇然有守先后待之忱也。爰是率族众承松、有道等请予续补,余乃因其余幅,与孙缮写周详,循名核实焉。於戏!君今倡为是举为一族导名正之路,即为统宗树言顺之声谓,非善继善述,不愧仁人孝子,光前裕后者乎![1]

谱序中所提到的周长宗为希淮公长孙,"应试名斌,又字光烈,文童应垒居前茅,奉户礼二部详情国学南北乡试庚午科浙江乡试三场全复。道光癸巳(十三)年正月十七日寅时生。"虽未取得功名,却也是下田周氏向科举进取的开端。其弟长礽,"奉户礼二部详请国学南北乡试",同样未能通过。不过,就算未能取得功名,长宗兄弟在文风不振的龙泉东乡,能够参加乡试也是一件了不起的事,足以大大提升个人乃至家族在当地的威望。在此期间,长宗和地方上其他有文名的家族产生了联系,长宗自己就"配叶氏珠环,蛟垟源国学生叶光立女",长宗之子发春同样参与了科举,不过再无其父之成就,仅是"文童应试",但其联姻仍然较为成功。其妹喜莲"适季山头庠生季肇基",长子盛耿"配叶氏珠,蛟垟源头贡生文焕公女",次子盛斌"配叶氏翠,蛟垟源头监生文茵公女",次女鹤云"适岗头举人刘凤朝长子名振西",长礽孙盛壋配"叶氏进翠,金坑监生元富公女"、盛篪"配刘氏清兰,景邑垟头监生永显公女",证明了长宗、长礽支与地方上的大族进行联姻的事实。希淮公的后辈汲汲于科举考试,促进了下田周氏在地方上的地位提升,使其具有了和其他大族联姻的资格,并通过此举进一步巩固其地位,使得下田周氏成为地方上首屈一指的大宗族。可见希淮公支在周氏宗族发展中的巨大作用。

在同治三年(1864)的族谱中,另一个值得注意的现象景珠公这位开基祖的脱颖而出。主持祠堂修建的希淮公,为景珠公四子茂生之曾孙,希丰公为三子茂凤之曾孙,而长宗、长礽为希淮公之孙,均出自景珠公

---

[1]《下田周氏宗谱·新修周氏宗谱序》,同治三年。

派下。在光绪谱中，更是增补了之前谱中从未出现过的景珠公像赞："赋性灵敏，超群拔萃，下田肇基，创业垂统，齿德兼优，乡党重望，宜于子孙，螽斯衍庆。"茂生公妣叶氏像赞："恪守妇道，节孝堪钦，内和外睦，老安少怀，寿届期颐，德并崇山，子孙绳绳，奕世寝昌。"[1]光绪修谱的总理长礽和主要参与者长宗，在自己这一支在族内取得突出地位的现实下，将自己的直系祖先地位提高，就是理所当然的事了。

到了民国十年（1921）的《谱序》中，景珠公在周氏迁居史中的地位也被重新塑造："第推景珠公康熙十有九年谐诸兄弟始来兹土。"对比之前谱中关于迁居的描述，康熙四十四年（1705）云"兹有景茂二辈，有光前裕后之志，于康熙十九年庚申岁步此念二都下田源底及溪边东坑"，乾隆二十六年（1761）云："今有景茂二辈由横坑择里廿二都下田源底者，则在康熙十九年间也"，嘉庆谱云"景茂二行始于康熙十九年由横坑头卜居下田源底及溪边"，直至光绪谱仍是"迨至康熙年间仲景辈迁居下田源底"，可见景珠公在之前不过是迁居下田的十三位先祖中的普通一员，然而，到了民国谱中却摇身一变，成了迁居的领导者。这一变化反映了景珠公支在清末至民国初年的繁盛。

纵观下田周氏自清初到民国的修谱历程，其在回顾自己的历史同时也在塑造着历史。各个时代的修谱者都尝试将周氏塑造为一个耕读传家的宗族，如嘉庆谱中的《周氏之祖历历析居俚》，将周存公描述为"诗礼衣冠，邦族永赖"，同治谱中对于长宗的描述更为典型："尊祖情殷，睦族念切，冠儒冠，服儒服，皇皇然有守先后待之忧也。"在长礽等人所主持的光绪谱中也提道"异时敦孝悌，重人伦，讲诗书，移风俗，家声不振，人文蔚起，诚于周氏重焉有望焉"。从以上的叙述来看，下田周氏似乎是一个极重"孝悌诗书"的传统宗族，族中成员迫切地向士大

---

[1]《下田周氏宗谱·像赞》，光绪二十一年。

第二部分　晚清菇民身份发展的两个面向

夫阶层靠拢。之所以出现这种情况，一方面是由于族谱的编撰者。如乾隆二十六年谱为"唐兵部尚书夏哲文二十七世孙夏长琦男庠生夏之莲拜撰"，嘉庆谱撰者为"鹤溪邑庠生隆川香山林茂钟秀甫"，道光谱由"恩贡进士考授修职郎候选儒学教谕鹤西眷弟晖湖吴敦淳"撰写，这些撰者均有一定的教育背景。可见即使是在偏僻的龙南地方，传统的礼仪和文化权威仍在乡民的精神世界中有着很高的地位，塑造一个耕读传家的宗族，反映了周氏族众的追求：冀望通过科举，提升自己乃至整个家族的地位。若能考取功名，乃至获得一官半职，自然更好。这一点在希淮公支体现得尤为明显。但直到科举取消，下田周氏仍然没有实现自己"人文蔚起"的理想。

无独有偶，另一个菇民大族蛟垟叶氏，也和下田周氏有着相似的宗族塑造过程。他们也自称是来自于北方的官宦之后。其《原序》云："汉末建安二年楚大夫七世孙桥公渡江避乱"，其孙"俭公晋时封折冲将军，迨十六世孙诚公受先锋之职，带兵至龙泉小梅坊巷口安营征讨几载，历艰履苦，寿已殂矣。生六子，长曰德公，始居彼地，次曰畅公，迁于叶坞口，三子池公徙于洛庄，四子萼公迁于小梅山根，五子熟公卜居瑞竹垟，六子匦公徙居浦城。盖熟公十三传原二公始来栗垟卜筑创业焉"。[1]

蛟垟的始迁祖世泰公因原住地栗垟"人丁暮盛，烟火稠密"，"志识超常，不愿祖居，思建业于他方"，在康熙五十九年（1720）偕其子"向剑东卜居，择东乡之蛟垟源头"。[2]

经过多年的发展，叶氏宗族不断壮大，从开基之时的"蓬门荜户"到"兰芳桂盛"[3]，实力有了长足进步。于是，建立祠堂便提上了日程。道光十三年（1833），叶氏族众"感先世之泽未艾，乃兴务本之思"，

---

[1]《蛟垟叶氏宗谱·原序》，光绪十二年。
[2]《蛟垟叶氏宗谱·分理原序》，光绪十二年。
[3]《蛟垟叶氏宗谱·嘉庆八年序》，光绪十二年。

乃"择基于亭外路，坐丁兼未""新其栋宇，堂分左右昭穆，阶列东西两厢"，建立了蛟垟叶氏宗祠，号为长庆祠。之后，叶氏在科举中也取得了一定的成绩。同治五年（1866），应蕃公和应魁公入泮武庠生，开叶氏科举事业风气之先。其后族中获取功名者不断涌现。就数量而言，其科举的成果远超下田周氏，但绝大部分都是国学生和监生，可能有很大一部分是通过捐纳所得。就算如此，亦可说明叶氏族中文风冠绝龙南乡诸村，其财力亦不容小觑。

蛟垟叶氏在族谱中表现出来的样貌，也是一个耕读传家的传统宗族。《谱序》中提到"诸君述先人训诫曰：愿吾子若孙修德以为福，协和以为利，耕读经商，去邪崇正，安饱食须知稼穑之艰难，享安居当思创业之不易"[1]，"犁雨锄云得饱食者非为不多，修文偃武登科甲者亦自不少"[2]。在民国八年（1919）《族谱》的《族望》一节中，族众耕读兴家的这一特点表现得尤为明显。《文焕庚兄传》云："兄正直人也，德容古貌，质朴端庄，足见有先进之风焉，遵圣贤遗训课子弟以诗书，依祖宗格言娱桑间之修植，年兄家存风矩，教有义方，尊嫂中馈称能，内则无忝，洵为兴家之号，清白之门也。以田园广植，屋宇宏兴，不特为本里超群，即一乡亦堪媲美。"[3]《赠文田兄传》亦云："兄之为人也情怀慷慨，气象恢弘，接交有道，处世有方，内为一家之仪型，外为合家之是效，尊先人之遗训，课子孙以诗书，箕裘克绍，家声丕振，置田创业，栋宇维新……兄之持己，确是儒士。"[4]

不过，族谱中所记录的下田周氏和蛟垟叶氏并非其全貌，他们隐藏着的另外一面，大多没有记录于书面上，而是通过口口相传的传说形式

---

[1]《蛟垟叶氏宗谱·嘉庆八年序》，光绪十二年。
[2]《叶氏宗谱·重修叶氏宗谱序》，光绪十二年。
[3]《叶氏宗谱·族望》，民国八年。
[4]《叶氏宗谱·族望》，民国八年。

流传下来。相比于族谱中传统规整的宗族面貌,地方传说中的周、叶二族族众,透着一股神秘色彩。这些传说,揭示了宗族除了迎合国家权威以外取得地方权力的另一种方式。

第二节　隐藏的菇民叙事

对五显神的崇拜是龙南乡间最为重要的传统之一。下田周氏毫无疑问地迎合了这一点。五显神作为菇业祖师神,既非周氏先祖,也未纳入国家正祀之中,但周氏仍然做出了筹建五显庙的举动。这次修庙的主持者,就是前文提到的周长宗。谱序载:

> 又况咸丰十一年八月十五日卯时,率内外三方众等募建五显灵官庙殿宇一所,今观庙貌辉煌,功德与川原同靡涯涘,更卜享禋久远,威赫共山邛并峙高深,彼一举也,均宜详名以记载之。[1]

正是通过"率内外三方众等募建"该庙,周长宗等周氏族众对乡里的精神世界表明了一定的控制权,并基于此实现了对下田地方权威的整合。叶氏也同样参与到五显庙活动中,《咏村景志》提到"帝庙设于南离,金声玉振,播于三方",《艺文》一节还收录了叶明炼《咏五显庙诗》:"帝称五显镇南天,庙貌维新万斯年。奉神节至人皆乐,大会时临客三千。"[2]

除了记录于族谱上的案例以外,还有几个流传于乡民之间的传说,反映了下田周氏与蛟垟叶氏试图在菇业中打造其重要地位。周氏故事的主角,是以周发杞为首的四兄弟。周发杞,在菇乡被尊称为"周大发财",据说曾雇用了两百多菇工,可谓财力雄厚。族谱中对他的记载不多:"发杞,字肇柳,咸丰辛酉年生七月十六日寅时生,公自民国乙巳年九月迁

---
[1]《下田周氏宗谱·新修周氏宗谱序》,同治三年。
[2]《叶氏宗谱·艺文》,民国八年。

徙南乡十六都大汪村，建屋一堂，坐癸创业丙家焉。"周发杞同周长宗一样，也是景珠公一派。

传说周发杞一出生便异于常人，其中一只眼睛有三个瞳孔。因他和其他三兄弟家境贫寒，为求生计，不得不背井离乡去江西婺源做菇。作为老大，周发杞擅长做菇，有着一手砍花的好手艺。老二发梓天生好力气，加上自幼便学习菇民武术，一般人近不了身。老三发桐比较会算账。老四发栻，虽然比较懒惰，但他的儿子却是制作陷阱捕捉野兽的好手。这几个人在菇山中做菇的时候，香菇经常被盗。几番追寻，发现是山魈所为。但发杞等人并未抓捕山魈，相反，却专门于菇寮侧摆放了一张案，案上供奉着肉和饭。山魈受了几兄弟的供奉，转而变成了他们香菇的看护者。除了看护香菇外，山魈还随他们来到山下的市场，在发杞兄弟售卖香菇的时候，山魈拨弄秤砣，让他们的香菇称起来重一些。借此点滴集聚，加上发杞等人吃苦耐劳，终于攒下可观的家财，成为菇民称羡的"周大发财"。

除了山魈助发杞等人发财以外，还有"狗送钥匙"的故事。某年发杞公等人前往婺源做菇，不慎将家中仓库的钥匙也一并带走了。据说当时仓库的锁极为昂贵，家里人舍不得敲掉。周发杞一行人到了婺源的山上才发现他们带来了家中仓库的钥匙，直道糟糕，情急之下想出一个办法：让狗把钥匙送回去。他们在狗脖子上系上红头绳，表明这条狗是有主人的，让路上的行人不要伤害它，然后把钥匙挂在绳子上，让狗原路返回下田。狗在路上边找食物边赶路，因为狗无法走大路，得绕开村庄，于是从婺源到龙泉下田，一共走了四十多天，成功将钥匙送达。自此以后，下田周氏家里便不再吃狗肉了。[1]

不难看出，以上二则在周家人中口口相传的传说，有着明显的神化

---

[1] 周裕康口述，采访时间：2019年7月21日。

发杞公等人的倾向,和族谱中对发杞兄弟的简单介绍不同,这些传说塑造的是一个仿佛如有神助的种菇者形象。按周家人所说,其祖没有丝毫法力,这些助力,不是源于乡间道士所相承的神秘法术,而似乎是更高层次的天生眷顾,更加让发杞公等人蒙上一层神圣的色彩,同发杞公最终的成功相互呼应。从这些传说,很容易得出一个结论,便是发杞公的发家不仅仅是源于自身美好品行的奖励,更是上天赋予的必然结果。

与周氏充满乡土神秘气息的传说不同,蛟垟叶氏在族谱中记载了一个种菇发财的例子,即《大隆公志》:"壮年经营生理,抵云南省,以香菇为业历年,则财恒足矣。旋归桑梓创业成家,租稞置有四千余硕,谷米运至数县,名声远播,彼都人士咸推其为巨富焉。支下兰孙桂盛,皆受其富,年高德邵,百世流芳,旧谱未尝表扬记载,唐承子孙之言将其实事以志云。"[1]

大隆公既为巨富,但却未被旧谱记录,还得等到民国八年(1919)再次修谱之时,依靠子孙请求刘景唐撰写其志。而且在后文的墓地记录中,亦无大隆公之踪影。这说明在之前的叶氏宗族中,种菇与读书相比,绝非一件值得夸耀的事,甚至有违叶氏宗族塑造的目标,由此才导致其事迹被雪藏。

此外,在蛟垟村同样流传着叶氏种菇发财的传说。大约明洪武年初期,蛟垟的叶氏先人在自家山场种出绝品花菇,形色完美,味道厚醇。呈送皇帝朱元璋后,获得了丰厚的赏赐。于是,他在蛟垟建起一幢豪宅。村中有一位平日里非常节俭的余姓富户,并因此赢取了一些口碑。一日,余姓富户酒醉后,到叶氏宅前骂叶氏先人浪费家财,忘了节俭的祖训,并朝屋内扔石头,屋内几个后生冲了出来与余姓富户扭打起来。这时叶财主回来了,他大喝一声,打架的立马止住手。在了解情况后,叶财主

---

[1] 《叶氏宗谱·族望》,民国八年。

也不生气，拉起"节俭爷"的手要他进屋喝茶。节俭爷自知理亏，奈何叶财主盛情，给自己一个台阶，也不便推辞。便随财主进屋喝茶参观去了。叶财主一边喝茶，一边将自己如何筹划建房，将屋内的精美处介绍了一遍。而这一听一看让节俭爷触动不少，他也改口附和道，看来大屋确是留存给子孙后代很好的遗产。这时叶财主说：建房如做人，格局要大一些。"节俭爷"听了之后大加赞叹建这幢楼房品位高，为蛟垟源树立榜样了，看来我单讲节俭也不行，存钱给后人，还不如建一幢像样的楼房保存下去好。后来有人就此事询问叶财主，说为什么建了新房，遭人辱骂，反而忍气吞声，叶财主回答他说："做人要讲仁义。"[1]

这一叶财主与余姓富户的冲突故事，再结合民国年间的案例，暗含着同村两大宗族之间的竞争关系。余氏作为村中另一大族，常以横行霸道的流氓形象出现。尤其是20世纪20年代，余氏"五虎"横行乡里。1920年，在村中开设药铺的方纪清就控告"于民国六年被东处村著名赌棍余芳海、余芳金、余芳鉴、余芳相、余芳荃兄弟五人陆续赊去药洋十五六元之数，逐年向托，认还不还。迨本年旧历三月间，闻余芳金赌博赢钱，向伊催托旧债洋五元七角零，讵芳金只认还洋二元。其余三元七角零均要硬让，如不让伊，二元亦无。商见其出言无赖，心虽不甘，亦不得不依其硬让，惟于总簿上从其名下载明'下次多谢'四字，以示店内伙计，从此对伊再不赊账之标记。不意于旧历本月十一日芳金又来铺告赊药等货，商以小本经营，不得不善言辞却，而芳金则称前账已讫，谁敢不赊。商闻其言语太妄，以总簿启其自看，以示其非，讵伊看着自己名下有下次多谢四字，遂发虎威，当将总簿抢夺，并敢将商铺账梆乱敲乱推，致碎药碗二口……商当时投鸣乡警余太，向伊理说，而伊自恃威力强大，全然不依。乞察余芳金兄弟五人，威称'五虎'，素行不法，

---

[1] 叶明荣口述，采访时间：2019年10月11日。

地方皆知"[1]，余芳金五兄弟"威力强大"，使得此案的证人也不敢出庭作证："吴永礼系是堂堂男子，又为村中之公人，岂可欺商远乡人氏，畏芳金势力浩大，始诚满口承认为证，迄此畏其面情，避而不案。"[2]这横行乡里的五兄弟，亦对叶氏发难。前述的叶绍唐、叶文田父子就称"唯有余芳海，自恃兄弟五人，如狼似虎，雀号为'五虎将军'。去年向民借洋不遂，纠同余陈生出头为祟，唆弄叶文荣、叶文根、叶春生等领种民兄弟父子之田，霸租不交。"此后，余芳海等因此案失利而"怀恨在心，百般寻仇，屡让不休"，于是"捏造谈章，四面招贴，公然指摘他人之事，毁损他人之名誉"[3]。谈章以"余陈海大丈夫"署名，内容多是对于叶文田等乱搞男女关系的攻击，如对叶绍唐做打油诗曰："天年黄黄地黄黄，文田生了个狗子叶郁堂。一日吃落无别事，上堂吃了西下堂。夜夜又显做新郎。不分大小内在可，人王天不王。"[4]

与叶氏形象不同，余氏宗族成员更像是一个横冲直撞的破坏者。余芳海诸兄弟均只念过私塾，从未接受过新式教育。自称"略识数字，平日在家记工夫账之类，俨若涂鸦"[5]，文化水平并不高，被同村人称为赌棍，五兄弟中的余芳鉴更是"于民国四年挂筒花会，曾处徒刑并科罚金"[6]。赌博之外，余芳鉴、余芳相等更有吸食鸦片的劣迹。1923年，同村刘德星举报二人吸食鸦片，法警前来拘捕并试图收缴烟具，但"该

---

[1]《方纪清诉余芳海等抢夺案》，浙江龙泉档案馆藏，档案号：M003-01-7352，第4页。
[2] 同上，第20页。
[3]《叶绍唐诉余芳海等诽谤案》，浙江龙泉档案馆藏，档案号：M003-01-10605，第3页。
[4] 同上，第16页。
[5]《叶绍唐诉余芳海等诽谤案》，浙江龙泉档案馆藏，档案号：M003-01-7347，第22页。
[6]《义生堂诉余芳金等夺簿案》，浙江龙泉档案馆藏，档案号：M003-01-7352，第5页。

烟犯之弟余芳海呼唤家中妇人及未上丁之侄人等出而纷纷扯覆，声闹阻挠"[1]。1926年，叶云莱诉周盛达抢婚状中，余芳海就发挥了作用："经公人叶明鳌、刘盛兰、刘方传、余芳海，乡警柳兴等出而和解。"[2]其中，叶明鳌为前清国学生，在民国八年（1919）族谱中被选入《族望》，被友人夸赞"性情慷慨，志气轩昂。品格有仲连之象，交游有晏子之风，正直可爱，忠厚可嘉"[3]。

这从侧面证明了，这些有关菇业的传说故事，只有置于地方权力关系中才能展现其真正意义。各个宗族创造出这些传说，归根结底是出于权力分配的考量。塑造自己在菇业上的悠久历史以及崇高地位，可以让自己在以菇业为生的地方权力竞争中取得一定优势。

总而言之，我们看到下田周氏和蛟垟叶氏朝着两个截然不同的方向塑造宗族面貌，一个是长期以来占据国家话语主流的儒家化进程，一个则是乡间的习俗和迷信。二族自同治年间始族众中参与科举人员的出现和增加，以及与地方上的"书香门第"的通婚，反映的是周、叶二族不断增强其文化正统性的过程。

但是，二者在此过程中还开辟了一条截然不同的道路，即强调自己在菇业上的显赫。下田周氏利用地方上流行的迷信文化来给自己披上一层神圣的外衣，在先人菇业成功的基础上加以神化，凸显其在菇业生产历史命定的地位。而蛟垟叶氏以获得皇帝的赏赐展开，展示其在村中的经济与政治实力。

---

[1]《刘德星诉余芳相等吸食鸦片案》，浙江龙泉档案馆藏，档案号：M003-01-15269，第5页。
[2]《叶文豹诉吴谢客抢掳女子案》，浙江龙泉档案馆藏，档案号：M003-01-2172，第44页。
[3]《叶氏宗谱·艺文》，民国八年。

第二部分 晚清菇民身份发展的两个面向

小　结

菇业经历在菇民的宗族文化构建中呈现出"隐"与"显"的冲突与微妙平衡。如同从事苞谷等经济作物种植的棚民一样，菇民也在族谱中隐讳自己从事的行业，而将自己包装成一个传统宗族，这一现象反映了晚清菇民向主流社会不断靠拢，并未将自己视作一特殊群体的事实。究其缘由，在偏僻的菇乡，正统文化的影响仍然极为强大，周、叶二族汲汲于科举，不断强调其耕读身份便很好地反映了这一点。主流文化的话语体系并没给特质性的菇业预留叙述的空间，如何处理传统的耕读传家理念与现实种菇发家的关系就成为菇民宗族文化构建的重要课题。菇民族谱的倡修者和编修者绝大多数受过教育，他们需要塑造一个传统的儒家式的宗族面貌，于是隐藏大部分经济和文化上的异质。但这些努力向儒家士绅文化靠拢的菇民宗族并没有在科举和仕途上取得足够的成绩，也不能将儒家化宗族文化的构建转化成地方权势的优势，反而削弱了其在菇民起家过程中形成的经济优势地位。这又催生了菇民在族谱之外编造种种祖先神异传说，以维系其在地方权势竞争中的特殊地位。

第四章　菇神崇拜与菇民文化

菇神与菇民谣谚乃是菇民文化中最耀眼的一部分，自然最早为外人所知。不过长期以来，学者多关注从这些文化产物中发掘菇民发展之历程，而非探究菇民如何创作出这些文化。本章正是尝试通过探讨菇民文化，尤其是菇神崇拜的起源，以揭示其文化中主流与经济现实相交织的历史。而这一局面背后正是这一时期菇民身份认知一面趋向主流，一面适应菇业发展的相互交融的过程。

对于菇神的研究，自1947年陈国钧的《菇民研究》始。在该文中，作者简略地罗列了庆元县域内菇神的传说和主要庙宇。新中国成立后，对于菇神的研究停滞不前，唯有地方文史工作者有一些整理和探讨。直到张寿橙的《中国香菇栽培史》较好地梳理了菇民信仰中的诸位神灵及其相关的传说，并对于信仰活动场所菇神庙也做了介绍。[1] 此后，菇业祖师吴三公受到了学者的重点关注，吴珍珍的《浙南庆元县域菇神崇拜现象及其历史文化特征浅析》叙述了吴三公的神庙以及庙会活动，并分析产生的原因，特别提到了道教文化对于吴三公"成神"的影响。[2] 罗士杰《移民与地方神：以"菇神吴三公"分香台中新社的故事为例》首次将菇民定义为"棚民"，并收集了各类吴三公的传说，尝试用社会学的方法分析菇神信仰在菇民生活中的作用。[3] 但是，以上著述共同的问

---

[1] 《中国香菇栽培史》，第119—122页。
[2] 《浙南庆元县域菇神崇拜现象及其历史文化特征浅析》，《史志学刊》2014年第5期。
[3] 《移民与地方神：以"菇神吴三公"分香台中新社的故事为例》，《近代以来亚洲移民与海洋社会》，第181页。

题是对史料的甄别不足,将大量民间传说作为真实的历史,并将互相矛盾的记载人为地裁剪,以整理出一个看似连续的故事。这样,菇神的原本面貌就更深地隐藏于民间传说之中了。

第一节 刘伯温与"讨皇封"

刘基,浙江青田人,在朱元璋建立明朝的过程中发挥了重要作用。后逐步被塑造成神通广大的"刘伯温"形象。于菇民而言,将菇业同刘伯温联系在一起,表明了菇民试图在正统文化中找出适配自身的内容。因此,菇民吸收了许多现存的故事元素,结合自己独特的生产生活经历,创造出属于自己的刘伯温传说——"讨皇封"。菇民歌谣便唱道:"说来浙江龙庆景,山高水冷难种吃。一日刘基当朝奏,启奏万岁大明君。庆元有个吴三公,教得儿孙做香菇。只因山中无田亩,皇封三县为营生。万岁当朝依臣奏,亲手提笔写榜文。榜文级级传州县,从此三县有菇民。"[1]

成文的《讨皇封》故事最早见诸著名植物学家胡先骕笔下。1920年,胡先骕在考察龙泉地区植物时,听当时龙泉县知事赖丰熙言:"盖在明初。朱太祖以刘诚意伯故。蠲免处州全境山税。清季与民国皆仍其旧也……龙泉、景宁、庆元三邑人。擅种香菌之术。每届冬令十月。即赴江西福建两省种菌。其条件则由彼伐山主之树种菌。而纳税若干云。"[2]

1924年,菇民叶耀廷在其所著的《菰业备要全书》中已明确提及刘伯温之贡献。其自序云:"蒙明朝浙江处州青田县刘伯温国师启奏明太祖朱洪武王钦赐龙庆景三邑独放菰业"[3],后又称:"草头加孤本是菰,

---

[1]《景宁畲族自治县志》编纂委员会编:《景宁畲族自治县志》,杭州:浙江人民出版社,1995年,第203页。
[2] 张大为、胡德熙、胡德焜合编:《胡先骕文存》(上卷),江西高校出版社,1995年,第167页。
[3]《菰业备要全书·自序》。

浙江青田刘国师。多蒙洪武钦奉旨，龙庆景县做香菰。米字加良本是粮，伯温先生奏驾先。三县山多田缺少，赦溪无税田无粮。"[1]

1934年，蔡起周的《龙泉庆元景宁三县之香菇业》称"迨明太祖奠都南京后，念佛茹素，苦无下箸物，山人以此物进献，极蒙奖励，因此香菇遂成佛门中之最佳食品，种植者日益增多"。[2]这个故事中刘伯温并未出现，而是"山人"进献香菇获得了奖励，也未说明"奖励"到底是什么。1948年，庆元县县长陈国钧详细叙述了一则极为相似的"讨皇封"故事："据传明太祖登基金陵之初，因祈雨茹素，一时苦无下箸食物，国师刘基即进献处属土产香菇。帝食之甚悦，刘氏告以做菇方法，帝尤奇之，传旨提倡各地做菇，每岁置备若干。刘固为处州属人，顾念其处属龙庆景三县，山多田少，民甚贫瘠，惟长于做菇一道，乃乘间奏请做菇为龙庆景三县人民专利，他县人不得经营此业。故龙庆景菇民得赖菇之谋生，迄今六百余年历史。"[3]"讨皇封"的故事在流传的过程中不断丰富。

自陈国钧记录刘伯温传说以后，"讨皇封"的情节基本定型。总的而言，这些故事都以刘伯温和朱元璋之间的互动为本，强调了刘伯温两方面的功绩：一是"蠲免处州全境山税""赦溪无税田无粮"，二是龙庆景三邑菇民拥有经营菇业的专利。

传说中的免税，显然与清代以来的香菇捐税息息相关。乾隆三十年（1765）贡生程梦湘有《采蕈歌》云：

平地徭，高山徭，输纳土税非一朝。土税维何茶与蕈，地瘠山荒争采尽。采茶犹自可，采蕈愁杀我。今年春雨何其多，徭民采采山之阿，蕈少雨多将奈何。我闻前宵有吏征租到徭户，徭民畏之猛如虎。呜呼，宰官何忍以

---

[1]《朽木产菰章第一》，《菰业备要全书》，叶12b。
[2]《龙泉庆元景宁三县之香菇业》，《浙江建设月刊》第8卷第6期，第26页。
[3]《菇民研究》，第10页。

第二部分　晚清菇民身份发展的两个面向

口腹之细故，竟使吾民受烦苦。朝来叱吏声其罪，自此永除香蕈税。[1]

清末，香菇捐税变得更为普遍。如福建便有香菇捐，按《福建财政沿革利弊说明书》(1910)："杂捐凡七十余项……植物之捐为谷捐、米捐、笋捐、香菰捐、纸油捐。"[2]民国建立，政治气象虽有更新，杂捐却一个不少。南京国民政府时期，试图整顿地方财政，减少苛捐杂税，但同样效果不佳。香菇捐作为福建、安徽等地方政府的财政收入之一，被当局极力保存。如安徽休宁县"因推广小学经费，于民国十二年奉县令征收香菇捐。十三年春县教育行政会议决议，香菇捐征收率为售价百分之二，征收之款为开办屯溪高小，补助海阳初中，及酌拨女子高小之用"[3]。福建建宁县呈请"准抽收纸、香菇二捐以为建设局经费……值百抽五征收"[4]。广东南雄县亦有香菇捐，"祸因军阀赵成深，盘踞北江之时，藉口军需不敷，在南雄组设筹饷署……计当时剥抽之惨，尤以冬菇草菇腊鸭各捐为最。及幸赵逆已死，民等以为祸根销除，迭经呈请财政厅恳予撤销，岂料竟成铁案，未奉核准，抽收迄今……而南雄则一再加抽，冬菇百斤，抽捐五元，草菇百斤，抽捐三元，腊鸭百只，抽捐二元。捐率之重，已达极点。"[5]这些香菇捐，受到了菇民和菇行老板的反对。休宁县的菇商认为该捐过重，"因减至百分之一，再减至七厘六厘，迭经磋商，尚未解决。"为此，1931年，当地菇行季克谐等人向行政院呈请"迅令安徽省政府制止休宁县教育局勒收菰捐"。此外，1932年三县旅皖菇工代表王明华

---

[1] （清）张应昌编：《清诗铎》，北京：中华书局，1960年，第223页。
[2] 江苏省中华民国工商税收史编写组、中国第二历史档案馆编：《中华民国工商税收史料选编》第5辑，南京：南京大学出版社，1999年，第1464页。
[3] 《休宁县请抽香菰捐作教育经费》，《安徽教育行政周刊》第1卷第2期，1928年，第16页。
[4] 《福建建设厅月刊》第2卷第6期，1928年，第86页。
[5] 《南雄香菰腊鸭捐似难撤销》，《广东财政厅财政公报》第9期，1930年，第19页。

等因安徽宁国县教育局违反裁厘，明令继续强征徽菇捐，呈请浙江省政府请转咨撤销。[1]不过，作为实际执行者的安徽省政府看来并不愿意取消香菇捐，虽然明知征收香菇捐违反条例，但是仍然拖延，不予解决。同样地，广东省财政厅也以"库款奇绌，军费浩繁"[2]为由，认为该捐"似难撤销"。

事关政府财政，菇捐不仅难以取消，反而不断增加。如1942年，福建三元县开征香菇捐，出台《征收香菇捐暂行章程》，明言："香菇捐为本县地方收入，由县经征处或经征分处征收之。""凡运销香菇出境者，应报请当地经征机关验明数量，照章缴纳捐款掣给收据后，方准起运。"捐率为"依照价格征收百分之五，按现值每百市斤征捐三十元"。[3]虽言该章程适用于非常时期，时局恢复正常之后便应立即废止，但抗战之后国民党当局又发动内战，财政愈绌，取消之事便成泡影。1948年，安徽祁门县便因"本县今年度绥靖临时费，因为支出数字太大，收入不敷应用，经县政府遵照层峰颁订的绥靖费用临时办法，议定征收瓷土和香菇两种特别费，从价征取百分之十"[4]。

清代至民国，香菇捐一直存在，且有不断提高的趋势，意味着菇民负担的不断加重。"讨皇封"反映的是菇民的现实需求。为了增强可信度与权威性，搬出正统文化的代表人物刘伯温成了其心目中的最佳选择，刘伯温向朱元璋请求蠲免三邑菇民赋税的情节便是基于此种考虑创作的。类似"赦溪无税田无粮"的情节在其他关于刘伯温的传说中也有体现，如青田县流传的《红米的故事》，讲述了朱元璋想要强征刘伯温家乡之红米为贡品，刘伯温用计将红米中放上红曲粉，破

---

[1]《浙江省政府批秘字第四六六号》，《浙江省政府公报》第1415期，1932年，第14页。
[2]《南雄香菇腊鸭捐似难撤销》，《广东财政厅财政公报》第9期，第20页。
[3]《中华民国工商税收史料选编》第5辑，第1610页。
[4]《大公报》1948年2月18日，第7版。

坏了红米的滋味，又借机抒发自己故乡百姓生活之苦，使得朱元璋下诏减免征收刘伯温故乡田赋并规定其山地不征税，河流不收费，交粮不用米而用其他杂粮替代。所以青田流传着一首歌谣："青田青田，山无粮，水无税，粮无米。"[1]此外还有卖绢人因为帮助朱元璋和刘伯温逃脱陈友谅的追捕而得以免税之故事。"讨皇封"免税当非菇民原创，而是其他故事的衍生物。

在浙江一带，更为古老的免税传说恐怕当属畲族的《高皇歌》了。歌词中，畲族始祖龙麒为高辛帝立下大功，不恋官位前往凤凰山种田："自耕林土无粮纳，做得何食是清闲。"[2]后来叙述畲族迁徙时也唱道："二想山哈盘蓝雷，京城唔掌出朝来，清闲唔管诸闲事，自种林土山无税。"[3]另有似是清代的《敕赐开山公据》云："楚平王奉承运出敕。大隋五年五月十五日，给会稽山七贤洞《抚徭券牒》，付盘瓠子孙七祖，随代传流，勿令违失……永免杂役，抚乐自安。代代不纳粮税，不与庶民交婚。……居会稽山七贤洞，永免差役，不纳粮税，永为乐也……一任盘瓠子孙，过关无税，过渡无钱。"[4]这些对畲族的优待政策亦是因为祖先龙麒（盘瓠）为皇帝立下大功。作为同样在山林间求生计的菇民，其居住地域又离畲民如此之近，实际上，不少地方志就将菇民记载为畲民，如嘉靖《龙岩县志》称："畲人斩楠木山径之间，雨水滋冻则生，俗称香菇。"[5]《漳平县志》也有类似的记载："畲

---

[1] 周文锋编著：《刘伯温民间传说集成》，重庆：重庆大学出版社，2011年，第117页。
[2] 浙江省民族事务委员会编：《畲族高皇歌》，北京：中国广播电视出版社，1992年，第9页。
[3] 同上，第12页。
[4] 施联朱：《民族识别与民族研究文集》，北京：中央民族大学出版社，2009年，第402页。
[5] 嘉靖《龙岩县志》卷2《民物志》，明嘉靖三十年刻本，叶60b。

人斩楠梓于深山，雨雪滋冻则生蕈，俗曰香菰。"[1] 这些记载虽然有误，但仍可揭示在外人眼中菇民与畲民的相似之处，菇民的免税故事创作也很有可能受到畲族传说的影响。

"讨皇封"传说中的免税情节有许多原型文本可供参考，"讨专利"一事却难见于其他材料之中。同免税传说一样，皇封专利的故事也反映了菇民的现实需求。"明君有恩封三县，三县男儿做菇郎……做菇只有龙庆景，且莫世上与人传。"[2] 所有的讨专利情节都指向一点：香菇只能由龙、庆、景三县人来种植贩卖。各地地方志中，提到香菇时言"浙客三人入乌君山业香菇"[3] "香菇产属内深山，浙人来此赁山，伐桑、樟等木横置于地，凿空藏水，隆冬菌冒雪生，曰'雪菇'"[4]。至少从晚清到民国，国内香菇生产基本为三县菇民所垄断，但安徽、福建等香菇出产地的原住民必然会眼红香菇种植所带来的利润，对菇民的生产技术进行模仿。《闽产异录》就提到"先时，畲民斩楠、梓等木于深山中，雨雪滋冻，则生菰。味香，因名'香菰'。后山民仿其意，斫楠、梓枝仆地，淋以米汤，掩之；秋末采、焙，至冬经霜雪，尤美"[5]。但这一尝试看来并未成功，民国时期的调查尚称"闽人不能自制"[6]。即使如此，菇民仍然生活在泄密的恐惧下。菇民的行业隐语"山寮白"正是这一恐惧的产物。

---

[1] 康熙《漳平县志》卷1《舆地》，清康熙二十四年刻本，叶30a。
[2] 《景宁畲族自治县志》，第204页。
[3] 道光《重纂光泽县志》卷29《杂录》，清同治九年刻本，叶14b。
[4] 同治《韶州府志》卷11《物产》，清光绪二年刻本，叶33b。
[5] 《闽产异录》，第53页。
[6] 铁道部业务司调查科编：《京粤线福建段经济调查报告书》，1933年，第122页。

第二部分　晚清菇民身份发展的两个面向

第二节　菇神吴三公的传说及其构建

刘伯温虽然声名远播，但占据着菇民神殿中最显要位置的是五显大帝和吴三公。在这两位菇神中，又以吴三公的出现最为重要，他昭示菇民拥有了一个排他的神明，菇民与其他群体的界限也愈加分明。与刘伯温类似，吴三公的形象和故事，同样吸收了大量之前五显大帝、财神乃至济公等外来元素，经过菇民的再加工，形成了今日所见的吴三公形象。

菇民之所以奉二位为主神，皆因两位神明发明了种菇所必要的砍花法。五显神发明说的主要拥趸是龙泉与景宁地区的菇民，庆元菇民则多相信砍花法为吴三公所发明。关系紧密的三邑菇民在祖师神的身份认定上为何不同，吴三公和五显神究竟谁先进入菇民的生活等问题，尚未得到很好的解答。本节便从这些传说出发，尝试还原菇民这样一个处于社会边缘的群体是如何运用手中有限的资源，构建出属于自己的排他性神明。

图 4-1 菇民香火榜

一、从吴判府到吴三公

吴三公的传说,多依靠菇民们的口口相传,缺乏文字记载。然而,在族谱及县志等为数不多的关于吴三公的史料中,我们还是能捕捉到吴三公形象创造过程的蛛丝马迹。

按吴三公所属之宗族族谱——龙岩村的康熙六十一年(1722)《槎东云川吴氏宗谱》云,吴三公之曾祖子瑛公于政和八年(1118)自庐源迁至云川,并将云川改为龙岩,为龙岩吴氏之肇基祖。子瑛公之孙吴十五公,生吴三等兄弟六人。其中,吴三之弟吴五迁至附近的石蘡,吴三仍居龙岩,其后嗣兴旺,陆续迁往西洋、后厂、西坑头、黄水、黄皮等地。吴三之父十五公"和子孙等在明万历年三年敕封为十二位判府相公"[1],吴三"宋高宗建炎四年(1130)三月十七日生,娶刘氏香蕈,至今迹镇西洋,法力遍施于天下者也。公葬乌龙墓,与父隔壁,吴处五叶兰花形,于明万历三年敕封为判府相公"[2]。

这段记载显系虚构。首先,吴三为南宋初年的人物,与此次修谱时间相隔甚远,何以如吴三其兄弟吴五等同时代的祖先记载均为空白,吴三的生卒和婚娶却记录翔实呢?第二,吴三及其父于万历三年被敕封为判府相公一事,亦是不实。按"判府相公"更多作为一种宋代官职称谓见诸历史,如王安石在《贺韩魏公启》描述韩琦:"伏审判府司徒侍中宠辞上宰,归荣故乡,兼两镇之节旄,备三公之典策。"[3]考《宋史·韩琦传》:"琦不复入中书,坚辞位。除镇安武胜军节度使、司徒兼侍中、判相州……河北地震、河决,徙判大名府,充安抚使,得便宜从事。"[4]韩琦之"判府"指其判相州、大名府时的称呼,另外,

---

[1] 《槎东云川吴氏宗谱·世系》,康熙六十一年。
[2] 《槎东云川吴氏宗谱·世系》,康熙六十一年。
[3] (北宋)王安石:《王文公文集》,上海:上海人民出版社,1974年,第251页。
[4] 《宋史》卷312《列传第七十一》,第10227页。

第二部分　晚清疍民身份发展的两个面向

《容斋随笔》载"国朝著令、仆射、宣徽使，使相知州府者为判"，由此可见"判府"多是宋时称谓。何况，万历谱序中丝毫未提及所谓判府相公一事，万历三年之"敕封"距修谱时不过三十四年，照理而言，如此短的时间内，修谱和写序之人几乎不存在遗忘的可能性，如此光耀门楣之事不写入谱序之中，崇祯县志也对此毫无提及，实不合常理。唯有可能判府相公的封号及其事迹，均由后人添改。其实，在庆元县志中，曾出现过一个吴府判：

> 吴竞，字寅仲，政和壬辰进士，宰会昌。建炎丁未溃兵杨勍，自浙东寇会昌，民遭杀掠，官兵莫制。竞挺身直抵贼营，谕以忠义，贼以刃挟之，竞厉声曰："吾颈可断，吾身不屈。"贼感悟，即以所掠妇女还竞，给还民间，随听招抚。宣谕使刘大中奏竞忠勇，擢处州府判，民感其德，祀乡贤。[1]

那么，这个南宋时被祀乡贤的吴竞，和吴三公究竟有无联系呢？梳理县志中吴三公神庙及其周边庙宇之流变，我们似可发现一些端倪。

祭祀吴三公的庙宇，最早有史可稽的是位于庆元二都西洋村的西洋殿，旧称便是吴判府庙。该庙同样出现在崇祯《庆元县志》中，仅有"在二都西洋"的描述。考历代《庆元县志》，在西洋村的附近，盖竹、周墩两个村疑似也有供奉一吴姓神的庙宇。周墩村的庙称为显灵庙，盖竹村的庙宇称为灵显庙。崇祯志中，灵显庙所留下的记载较多，志云："在二都盖竹，旧传神姓吴，生长此地，言吉凶祸福无不验，既殁，乡人立庙祀之，水旱疾疫有祷辄应。宋咸淳元年邑人吴标等为请于朝，赐显灵庙匾。"[2] 从此段记载看，该吴姓神生前是盖竹村人，乃是一个法师似的人物，颇有些神通，因此死后受到乡民崇拜。而志中提及的邑人吴标，疑与康熙《庆元县志》中拱瑞堂的倡建者为同一人："原庙在盖竹，邑

---

[1] 康熙《庆元县志》卷8《人物志》，叶2b。
[2] 崇祯《庆元县志》卷7《丛祠》，明崇祯十五年刻本，叶8a。

人何文魁、吴标请建于此。"[1]从以上周墩和盖竹庙名的相似程度以及记载的详略来看，二者似乎供奉同一神灵，且以盖竹庙为主。在康熙《县志》（1672）里，盖竹庙的记载稍有变化，吴标从请赐额者，变成了建庙者，该吴姓神的神通更加具体起来："觌术通神，曾鞭蛟遏水，宋咸淳元年吴标等建庙，有祷辄应。"[2]但是到了嘉庆志（1801）中，西洋村的吴判府庙除了"二都西洋"的记录以外，几乎完全挪用了盖竹庙的内容，更为引人注目的是，该志将盖竹庙和周墩庙描述为西洋村庙的附属庙宇："一在盖竹曰灵显庙，一在周墩曰显灵。"[3]道光志（1832）中对于三庙的关系和描写没有太大的区别，仅仅增加了周墩显灵庙"又名古楼"，并且在"道光乙酉年重修"[4]。到了光绪志（1877）中，西洋殿增加了一则显灵故事："同治七年，山岱土匪滋事，神屡显灵，得迅速扑灭。知县刘潘以捍灾御患匾额表之"，并在"光绪元年，士民捐资重建大殿及上中下三堂戏台并两廊"。[5]至此，如今所见的西洋殿形制才算正式成型。

从县志及处州府志可知，吴竞在建炎年间担任处州府通判无疑，通判又别名府判，是否后世建庙时混淆了府判和判府的差别呢？巧合的是，县志提到邑民感其德而将吴竞列为祭祀对象，很有可能西洋村及其邻近的吴判府庙，最初是为了纪念吴竞所建。而且，结合上文所述的县志记载，盖竹显灵庙的请额者或创建者吴标，同样有着将原在盖竹的拱瑞堂迁往城内的事迹，那么，这个咸淳时人吴标，当是盖竹村人。他所请之庙额或者创建之庙，亦当是盖竹之吴判府庙。即这三个祭祀同一位神明的庙宇中，当以盖竹庙为尊。然而，到了嘉庆年间，西洋之庙却成功反

---

[1] 康熙《庆元县志》卷6《禮祀志》，叶7a。
[2] 同上，叶14a。
[3] 嘉庆《庆元县志》卷5《禮祀志》，叶7b。
[4] 道光《庆元县志》卷5《禮祀》，清道光十二年刻本，叶8a。
[5] 光绪《庆元县志》卷5《禮祀志》，清光绪三年刻本，叶10b。

客为主。且菇民显然对这段这三个庙宇的关系有所了解,在关于吴三公托梦建立西洋殿的传说里,就特意提到西洋殿与盖竹庙的关系:

  据传吴三公生前曾在现存西洋殿后面建寮居住,从业道士并传授香菇栽培技术,其间吴三公母亲跟妻子曾在西洋殿上边西庙村茶亭烧茶供过路客人饮用。吴三公母亲去世后,吴三公儿子小七也在盖竹(在西洋村附近)因故伤亡,小七亡故后,吴三公迁回龙岩村居住,于1209年去世。之后邑人吴标有一次梦到吴三公父子,觉得是吴三公和小七的灵魂显现,所以就发动菇民集资,于宋咸淳元年(1265),选择在吴三公曾经住过地方的下边建起祭祀吴三公的灵显庙,在吴小七伤亡的盖竹村尾建祭祀小七的灵显庙。[1]

在这里,吴标所建之盖竹庙,成了祭祀吴三公之子吴小七,也就是陪祀吴三公的庙宇,结合嘉庆县志中所述三庙的关系,显然这个吴小七庙的建立并非是菇民心血来潮的创造,而是他们对于历史的重新编撰,为的正是强调西洋庙与盖竹庙的尊卑地位,也是为了与嘉庆志的记载形成相互印证,从而确定吴三公的身份事迹。

我们相信,崇祯及康熙县志中关于盖竹、周墩以及西洋这三个庙的记载,当更接近这三个祭祀吴姓神明庙宇的关系原貌:以盖竹庙为主,周墩、西洋庙为辅。显然,菇民创建吴三公庙之时,是了解盖竹庙历史的,为了增强吴三公事迹的可信程度,彰显其悠久的祭祀历史,并将其同代表国家正统的地方志接续起来,挪用盖竹庙的历史,借用盖竹吴姓神的神迹成了菇民最好的选择。

然而,吴三公要成为菇神,还需要构建他的另一重身份,即发明种菇技术的祖师,在此类传说的创作过程中,另一位同样号称是发明种菇技术的菇神——五显大帝的地位成了庆元菇民无法回避的问题。为了解

---

[1] 庆元县香菇研究会编:《香菇纵横》,庆元县香菇研究会,2010年,第8页。

决这一难题，庆元菇民便将吴三公塑造成了五显大帝的继承者。

二、虚构的师徒

两位菇业祖师五显大帝与吴三公，究竟谁先一步走进菇民的精神世界，是我们讨论在吴三公与五显神关系前首先要解决的问题。种种迹象表明，菇民对五显大帝的信奉当是早于吴三公。

五显大帝的信仰在处州地区的传播历史悠久，早在宋代，缙云便有五通庙的记载。[1]就龙泉而言，见诸史料最早的当是顺治县志中位于县西十八都的白云岩五显庙。景宁五显庙则藏有元代铁香炉一只，款云："青田县十二都外舍保居奉圣弟子蒋佛有喜助宝炉一口，供奉五显圣帝行祠，保安家眷吉祥。至顺癸酉岁置。"[2]庆元的五显庙历史同样不短，崇祯版的《庆元县志》载："拱瑞堂，在县北笔山下，唐邑人何文魁建"[3]，则该庙在崇祯十五年（1642）前便已存在，看起来建立的历史还不短。入清后，该庙得到了官方的认可和大力支持，康熙县志中言："原庙在盖竹，邑人何文魁、吴标请建于此，国朝顺治五年，僧明光重修，凡祈雨御灾无不响应。祭与山川坛同日，祭物如土地祠。"并附有一段祭文："惟神钟天之秀，受地之灵，能泽物产，以袪民屯，某奉承简命，莅兹山城，惟兹仲春、秋，敬洁明禋，神灵如在，永佑安宁，尚飨。"[4]到了嘉庆县志更言"邑人奉为正祀"[5]，道光二年（1822），"知县乐韶拨出田一百七十二把作育婴堂经费，给印簿二本，以乘永久"[6]，同治六年（1867），知县吕懋荣又"拨租一百五十把，充入书院膏火，

---

[1] （宋）司马光：《宋故处州缙云县尉张君墓志铭》，《温国文正司马公文集》第75卷，上海：商务印书馆，1936年，第543页。
[2] 同治《景宁县志》卷14《金石志》，清同治十二年刻本，叶3b。
[3] 崇祯《庆元县志》卷7《从祠》，叶6a。
[4] 康熙《庆元县志》卷6《禮祀志》，叶7a。
[5] 嘉庆《庆元县志》卷5《禮祀志》，叶6a。
[6] 光绪《庆元县志》卷5《禮祀志》，叶9a。

余租三百五十二把",并选庙董进行管理。[1] 以上可见五显神在龙庆景三地的流传程度和影响力。

上文提到的位于庆元县城的拱瑞堂,也是庆元菇民前往祈祷的地点之一,《菇民研究》中就提到:

> 每一个庆元菇民,不问远近男女,当他要远去菇山,必路过此拱瑞堂。堂门上有一大横额,刻有"庆元首境"四大字,他们必专诚入堂朝神,烧香跪拜,不敢怠慢,真诚的祝祷,希望他们此去内外吉利,来春满载而归。如果他们归时稍佳,信系已得五显神的保佑所致,必购来大批香、烛、纸、锭、花衣、匾额等贡献,以为报酬,所费为数不少。[2]

菇民专属的五显庙,据说历史最悠久的是下田村五显庙,修建于万历年间,但并无可靠证据。从下田村和龙井村的五显庙来看,前者建于咸丰十一年（1861）,后者建于光绪三十二年（1906）,均建于清晚期,菇民区的五显专庙兴建时间当相去不远。

1948年的《菇民研究》言,庆元菇民前往拱瑞堂参拜等事反映的当是民国时期的场景,将其作为判断前朝菇民信奉五显的证据还是有所不足,但是,结合其他二县五显庙所保存的碑刻,可以看到菇民群体至少在清晚期就开始举行规模较大的五显庙会。如龙泉下田村五显庙所藏之抽厘金收据印章,可一窥当时的运作情况:

> 龙邑东乡下田地方募建五显帝庙,今龙、庆、景三邑菇帮酬酢设会,于递年六月二十五日首演,订定三昼三夜,唯费用浩大,三邑菇商或捐缘或抽厘,务须协力秉公到庙收票实付。年月日收到。

该印年代不明,结合"龙邑东乡下田地方募建五显帝庙"一句,当与咸丰十一年（1861）下田周长宗募建该庙时间相去不远。[3] 从该

---
[1] 光绪《庆元县志》卷5《禮祀志》,叶9b。
[2] 《菇民研究》,第12页。
[3] 《下田周氏族谱·新修谱序》,光绪二十一年。

印章之内容来看，该庙之活动资金筹集已强制规定三县菇民参与。庙会的经费来源主要为五显庙灵官大帝的股份资金，即菇民外出种菇以菇寮为一个单位，每个菇寮由若干人合伙出资经营，分为若干股，每个菇寮在股份中必须增加半股，即为五显灵官大帝的股份，称为"大帝爷股"。该股份的分红应如数上交理事会用于庙会，从该印之"务须"等语，该抽厘当是强制规定的。在下田村保存的石碑中，更有具体抽厘的记载，如光绪九年（1883）的《捐厘碑》，虽然字迹多有模糊不可辨之处，但大致仍能看出"同治十一年开始请□子致敬三昼三夜""五显帝庙""灵威显赫""境内之士民咸被其泽化"等字句，落款为"光绪九年癸未止桂月□□□□香菇帮同立"，可以确定该碑是为了记录举办菇神庙会所抽厘金而立。除厘金外，菇民捐缘也是五显庙会资金的重要来源。光绪四年（1878）的《菇帮缘碑》中，记录了龙庆景三邑香菇帮帮众的助缘资金。除此以外，下田五显庙还有庙产，如同治七年（1868）《春庆租碑》："土名蜘蛛书网共田永为庙□（产）。"

除了龙泉以外，景宁英川毛坑口五显庙前尚有同治二年（1863）《三合堂碑》，"龙庆景三县多人在广省韶州府等处香菰生理，从前未建公馆，近今议抽厘金，置买栈房一所，在韶州府城内王名风度街、花楼上大街，名为三合堂，盖取三县合置之义也。"毫无疑问的是，在这个名为三合堂的建筑出现之前，三县菇民就有了较为完善的以五显庙为活动中心的菇民组织，除了上文所述的举办庙会以外，该组织还兼有商定事务以及同乡会馆的职能。

可以看到，在同治年间，五显庙及其附属于其上的菇民组织已经相当完备了，其或接受捐款，或强制抽取厘金，投入庙会和日常运作中，显示着它们在菇民生活中的重要地位。

第二部分　晚清菇民身份发展的两个面向

以上材料说明，至少在吴三公信仰发展初期，菇民对于五显神的崇拜已经相当普遍了，并以五显神庙宇为中心形成了一套集议事、财务和娱乐的组织架构。就算是庆元的菇民，对参与五显神的相关活动也十分热衷，并成为三合堂的成员之一。相反，庆元菇民的吴三公庙却没有形成类似三合堂的三县菇民议事机关，龙泉、景宁菇民也很少参与到祭祀吴三公的活动中。从民国时期的情况看，由龙泉菇民组成的菇厂须交纳的大帝爷股，显然不是交予吴三公庙的，如1921年叶天积诉叶必恒恃强减分案中，原告供述其菇厂股份构成：

民与代头村叶必永，银代村吴正清合本往江西上饶县拼木放菇，足费资本洋二百余元，订载簿据，民合四股半，其两人各合三股，而所余半股作五显大帝座前祈祷之用。[1]

所以，无论是从五显在处州地区的流布时间还是菇民信众的活跃程度来看，菇民对于五显大帝的崇拜当早于吴三公。

既已有了三邑菇民普遍信仰的菇业祖师五显大帝，吴三公的祖师地位又是从何而来呢？从流传至今的菇民传说中，五显与吴三公的师徒关系成了解决这一矛盾的关键。在这些传承故事里，最常见的是吴三公师从五显的故事。吴三公路经某地，因助一老妪和小女孩摘桃而跌入潭下，随后看见潭下石门洞开，正是五显神的洞府。原来，树、老妪和小女孩都是五显神所化。吴三公在洞府中随五显学习三年得道，由此获得了神力。[2]

这个传说还有一个"前传"，与种菇秘法的发现过程相关。景宁的一则关于五显神的传说云：山中有两个精怪，一个名为五显，一个是栲树精。后五显化为人形，与一名名叫香姑的美丽姑娘成亲。栲树

---

[1]《叶天积诉叶必恒恃强减分案》，第12页。
[2] 1996年版《庆元县志》，第254页。

精炉火中烧，用法术将香姑困于树中，五显用力劈开栲树，无奈香姑已经死去。过了几年，五显发现栲树的残骸上居然长出了香气扑鼻的菌菇，由此五显神发现了砍花法。之后，吴三公跌入潭中，五显便将此法传予吴三公。[1]

除了道法神通与香菇技法之外，吴三公所骑的黑虎也是五显神所赐："据说，当年五显神曾赐一只黑虎给吴三公巡山管香菇用，因此，吴三公的神像也骑在黑虎的背上，手上还握着一条赶虎的钢鞭呢。"[2]

可以看到，在菇民的传说里，无论是吴三公的神力、神器和香菇种植方法，无处不有五显大帝的影子。传说之外，五显神和吴三公的形象惊人的一致。按《菇民研究》中的说法，吴三公"黑脸戴盔""手执龙鞭，骑一黑虎"，[3]现在西洋殿和龙岩吴三公宗祠的偶像也按照此形象塑造。无独有偶，在菇寮张贴的师父榜上，一般会写着一副对联："手执金鞭多进宝，身骑黑虎广招财。"按龙泉菇民的说法，这副对联描绘的正是五显大帝爷的形象。[4]

这种一致性加上吴三公师承五显神的传说，让人怀疑吴三公的创造大量借鉴了五显大帝的要素。这极有可能反映了一种神明谱系的继承关系，即吴三公继承了五显大帝的权柄，从而取代其行业祖师的地位。

三、"迹镇西洋"与吴三公的构建过程

是谁出于何种目的创造出吴三公呢？龙岩族谱和菇民传说的"迹镇西洋"提供了一些线索。按族谱记载，吴三公于南宋初年出生在龙岩村，

---

[1]《"五显神"和香菇》，景宁畲族自治县民间文学集成编委会编：《中国民间文学集成浙江省·景宁畲族自治县卷》，景宁：景宁畲族自治县文化局、景宁畲族自治县民间文学集成办公室，1989年，第222—224页。
[2] 1996年版《庆元县志》，第257页。
[3]《菇民与香菇》手写本，第162—168页。
[4]《菇民研究》，第12页。

第二部分　晚清菇民身份发展的两个面向

然而族谱并未叙述任何有关吴三公在故乡的活动，反而强调"至今迹镇西洋"。也就是说，当时菇民认为，吴三公主要活跃于西洋村一带。而在菇民传说中，便能找到许多吴三公在西洋村展现神迹之事。比如"运木古井"的故事：

  西洋村有座大殿，叫"西洋殿"。殿内神橱有一尊佛像，那便是菇民祀奉的菇神——吴三公。

  吴三公生前到仙界学了制菇法，又把它传给庆、龙、景三县百姓。三公死后，菇民们便商量起建殿祭奉祖师的事来。先是请阴阳先生来踏地，最早选的殿址是东村的八角岩。不巧，那个地方早被马天仙占去了，后来只好建在竹山的西洋村。

  阴阳先生还留下话，说是大殿要用300株无尾巴的杉树。这可把管事的难住了。派人四出打听，走了许多州、县，看过几百个山头，就是找不到这无尾的杉树。有一回，一个过路的乞丐说："福建浦城的一座山上刚刮过龙风，那山顶全被龙风剪了。"管事们找到了那片山，用银两买了下来，并领着菇民去那里砍树。砍呀、砍呀，足足砍了一个多月，那树一根根谷桶般粗，透天般长，整个山弯都堆满了。可路这么远，这树如何运到西洋村去呢？菇民谁也想不出办法。

  一天，菇民们正在山寮里发呆，忽然看见一个老翁挑了一担饭送上山来，那老翁走到木堆前不见了。菇民们过去一看，一头米饭一头菜放在木堆上，还见木堆旁陷下一个大洞，黑黑的深不可测。菇民几天吃不到好饭菜，解开老翁的饭担便大吃起来，不一会，饭吃完了。回头看那木堆已无影无踪。原来，木头早就通过这地道运回西洋村了。现在，西洋殿外的水井中还剩下一段呢，那口井便是当年吴三公运木头时留下的。[1]

---

[1] 1996年版《庆元县志》，第256—257页。

吴三公的妻子与母亲也曾在西洋村活动。比如，吴三公母亲跟妻子曾在西洋殿上边西庙村茶亭烧茶供过路人引用；[1]其母死后，便葬在西洋殿后山一片形似金交椅的山坡上，[2]至今仍有菇民在此处祭拜。

这些"迹镇西洋"的说法存在很大疑点。按嘉庆志对西洋殿的描述，此地的吴姓神是"生长此地"[3]，即在西洋村出生并长大，与吴三公出生在龙岩的说法不符。此外，按龙岩谱，龙岩吴氏要到吴三公的曾孙吴丙五才从龙岩村迁居西洋，[4]这也与菇民口中吴三公随父迁居西洋村的传说相悖，如此一来，将其母之墓设在西洋殿后山而不是迁回龙岩，亦变得不合情理了。针对这些矛盾，地方学者做解释："吴三公出生在西洋村，是未编户列册的棚民，而其他亲属又先后仍回龙岩居住，故家谱中只能注出'迹镇西洋'。"[5]然而，更有可能的是，西洋一带的吴姓菇民群体创造了吴三公形象，自然，他们便将吴三公故事发生的舞台设在了自己最为熟悉的地方——西洋村，而非吴三公名义上的故乡龙岩村。而后，为了塑造吴三公悠久的历史，使其具有争夺菇业祖师的资格，菇民便将其生年前推至南宋建炎年间。如此一来，基于有据可稽的世系传承，势必要将该神追溯回龙岩吴氏中。在此过程里，为了进一步增强人物的可信度，西洋吴氏便联合龙岩吴氏，在族谱中添加了关于吴三公及其父吴十五的种种记载，并刻意强调"迹镇西洋"，完成了传说与族谱所代表的"历史"间的相互印证，同时确立了西洋殿在诸吴三公庙中至高无上的地位。另外，之

---

[1]《香菇纵横》，第9页。
[2] 庆元纵横编辑部编：《庆元纵横》第12期，政协庆元县文史办公室，1993年，第48页。
[3] 嘉庆《庆元县志》卷5《禋祀志》，叶7a。
[4]《槎东石川吴氏宗谱》，康熙六十一年。
[5] 可聪：《吴三公祖家在龙岩，生长在西洋》，《庆元纵横》编辑部编：《庆元纵横》第12期，1993年，第27页。

第二部分　晚清菇民身份发展的两个面向

所以不是"迹镇龙岩"而是"迹镇西洋",恐怕与龙岩村的行政区划不无关系。1957年之前,龙岩村隶属龙泉管辖,若不刻意淡化或忽略吴三公的出生地,吴三公可能便会变成龙泉的神明,这正是庆元菇民极力避免的情况。

那么,吴三公出现的原因也就显而易见了:庆元菇民为了争夺菇民群体的领导权。通过构建一个新的祖师身份并证明自己宗族是祖师的后人,显然可以在菇民群体中攫取更大的话语权。而这和清代庆元香菇产业的迅猛发展密不可分。1924年《菰业备要全书》云:"第九达榆到建宁,请问菇帮友人言,一统都是庆元客。"[1]在民国初年,作为菇业最为重要的集散地之一,福建建宁府负责收购与外销香菇的香菇行多由庆元人开设,[2]而庆元菇民的特点之一便是吴姓占据大半,这大概是吴三公之所以姓吴而不是其他姓氏的原因吧。如同借助五显庙开展征厘活动的三合堂,实力愈发强大的庆元菇民也试图在三邑菇民中获得一定的组织领导权与财权。这在西洋殿"重修"之时表现得颇为明显:"新殿系建于光绪元年,乃龙庆景三县菇客集资合建,故此殿属三县公产。向由三县菇客各推董事一人管理。"[3]在各个菇厂所供奉的神榜上,也添上了"西洋祖殿吴三相公"的名号。如此一来,庆元菇民所创造的神灵便进入了三县菇民的神明谱系之中。传说中与五显神的承继关系,当是为了证明吴三公神权的合法性,同时也是为了缓和与信奉旧神五显的菇民群体间的矛盾,通过一个虚构的师徒关系,既承认了五显神的权威,又平稳地将权柄给了吴三公。但在实际上,从吴三公的构建过程中可以看到,与其说这是两相情愿的师徒传承,不如说是一场非暴力的政变。

---

[1] 《朽木产菰章第一》,《菰业备要全书》,叶13a。
[2] 《庆元香菇》,第38页。
[3] 《菇民研究》,第12页。

为了在菇业中获得更大的话语权，庆元菇民决意创造属于自己的菇神。为了达成这一目标，既无生花妙笔，亦无政治资源的菇民从县志乃至更广泛的素材中汲取了营养，并将这些素材重新予以编写与创作，从西洋殿"运木古井"传说以及持鞭骑虎的形象来看，吴三公显然混合了济公、财神等常见神明的某些特征，进一步地，菇民挪用了原先就在此地的吴判府故事，将其名号安在了新神头上，并将其同皇帝赐封联系起来，还借用了其他故事的内容，通过巧妙的"借壳上市"的方式打造出吴三公这一形象。同时吸收了原本就在菇民中盛行的五显大帝信仰，将吴三公塑造为五显之徒，完成了从主流文化到菇民特色的衔接，展现出了鲜明的"文化合成"过程。

同时，菇民对于吴三公的塑造过程也展现了其作为一个缺乏士人支持且游移于社会边缘的群体，对于历史以及其背后所代表的权威亦有着相当的洞察。通过嫁接西洋吴判府庙以及盖竹庙的历史，菇民影响了县志的记载，从而获得了政权对于吴三公信仰历史的背书，加之其对族谱的重新编撰，成功地塑造出了一个古老的菇神形象，使之能够适配菇业祖师的地位。

吴三公的出现更表明了菇民对于发展自身特质的进一步尝试：用一个本土人士取代五显神的祖师地位，庆元菇民第一次拥有了完全排他性的神明。这个神明的出现，意味着菇民群体意识发展到了一个新阶段，一道全新的身份界定的边界横亘在了菇民与其他民众之间，在边界的这头，是信奉吴三公的菇民，在边界的那头，则是信奉其他神明的一般民众。再者，通过举办庙会，在现实世界的活动中得以成功地圈定出了一个菇民群体。通过抽厘、助缘、演戏等集体活动，菇民在参与庙会时获得了内部的凝聚力，菇民群体的特征愈发明显。同时，吴三公也代表三县菇民群体的进一步分化：虽然庆元菇民仍然崇拜五显并参与到五显的庙会活动中,但是庆元地区的菇民已经和龙泉、景宁地区仍旧信奉五显祖师的菇民区别开来,龙庆景三县菇民的联合体出现了裂痕。尽管这道裂痕最终因为技术发展和政权更迭等因素没有造成三邑菇民群体的决裂,但不难看出,庆元菇民随着实力的增强,已经有了很强的独立势头。时至今日,庆元菇民和龙泉菇民仍然分别举办自己的迎神庙会,并用着相似的"龙庆景三县菇民庙会"名目,这很有可能是当时尚未孕育成熟的分裂残留下来的痕迹。

第三节　菇民谣谚和戏剧

菇民谣谚,是菇民文化的重要组成部分,反映了大量菇民在实践中获取的生产生活经验,具有极为独特的菇民色彩。《菰业备要全书》中,就收录了许多这样的歌谣。叶耀廷自述"汝代四代做菰",其祖"在广东吴城起造会馆菰邦董理",是难得的知晓香菇经营生产全流程的菇民。若是按作者的说法"切见本邦同人上祖生传无底,迄今特照古传言书明后底"[1],这些谣谚,似非作者本人原创,而是根据"古传言"整理而成的,我们尚可从中得以一窥菇民的知识构成。《菰业备要全书》中的菇民歌谣,首先具有简单的识字功能,比如"全字二点本是金""二直六点本是非""八字加刀本是分""一撇一捺本是人""立木加见本是亲"等。可以看到,菇民所用之识字法,主要是靠简单笔画或字的再组合,以此不断扩展识字范围。

《菰业备要全书》全书中更为重要的内容是对菇民出门种菇的各个注意事项的总结,这些内容被分为九章,分别为出门达榆章、拼榆山场章、请伙计帮工章、出门做榆章、菰柴树名章、守菰装山章、开

---

[1] 《菰业备要全书·自序》。

香菇行章、收拾回程章，今时传古章。涵盖了菇民从出门到回乡的方方面面。

一是"出门达榍章"，主要叙述了传统的做菇地点。在该章中，首先讲述了刘基为龙庆景三邑菇民谋得免税及香菇专营权之事：

禾字加日本是香，香菰原是树上生。砍倒三年自发起，摘来焙干自生香。
草头加孤本是菰，浙江青田刘国师。多蒙洪武钦奉旨，龙庆景县做香菰。
米字加良本是粮，伯温先生奏驾先。三县山多田缺少，敕溪无税田无粮。

之后叙述主要的传统种菇地点，除了丽水本地乃至浙江以外，菇民还踏足了江西、安徽、福建乃至云贵川等地：

第一香菇去达榍，朋友伙计共商量。收拾山价并伙食，带上路程及批章。
第二达榍出了门，便向旁人问路程。处州十县有人做，问到别省寻山林。
第三达榍到衢州，江山西安一路游。玉山常山都到过，开化休宁无山头。
第四达榍到泊烊，江南太平一路行。太平过去宁国府，上海杭州转回乡。
第五达榍到广平，兴安广信一路临。弋阳贵溪河口镇，沿山过去到上清。
第六达榍到浮州，金溪炉溪一路游。建昌南昌都达过，江西过去到瑞州。
第七达榍到南京，湖北地界都达临。云南四川有人做，广东出去到吴城。
第八达榍到艮州，南安回来到南雄。又问福建下四府，回转沿平邵武州。
第九达榍到建宁，请问菰邦友人言。一统都是庆元客，福建八府做完成。
第十达榍转回程，建阳松溪一路回。归化寿宁都到过，山山陇陇做完成。
十一达榍又起程，胎州严州一路来。金华兰溪都达过，屯溪上来到婺源。
十二达榍到德兴，德兴望下起乐平，乐平过去景德镇，十个菰行都嬉回。

"拼榍山场章"讲述了租借山场的要诀。看来菇民对于山场的所有权和牙人都有一定程度的注意。

第一拼山要达明，塝塝岗岗都看来。菰树凉柴都齐整，再托住东写山批。
第二拼山界限清，四水归内都拼来。莫听牙郎乱作教，莫被中人笔下呆。

第二部分　晚清菇民身份发展的两个面向

第三拼楠要己山，拼成日后无交争。众山恐怕强欺弱，强人作事怕不长。山场的自然条件则是菇民选择山场最为看重的因素，菇民选择山场，要看"菰树凉柴都齐整"，菇木的树龄也要长一点，"第八拼楠要古连，树老出菰更多年。一则庄山工又少，二则又是近寮沿。"山场的海拔、是否远离村庄等因素对于菇业生产各有优劣，同样纳入菇民的考量之中。如低山"一则香菰出则早，楠花便底开衣年"，远离人烟的山"高山楠衣无人操"。

"请伙计帮工章"则讲述了合伙做菇或者雇佣帮工的注意事项。首先讲究的是齐心和恒心，强调伙计间的团结：

第一伙计要同心，百般生意人做成。合本只要如同命，出入账项记分明。
第二伙计要齐心，齐心竭力土变金。黄金满地要人检，莫分尔我两样心。
第三伙计心要虔，心虔铁铗磨成针。阁老也是文章中，读书总想中状元。
第四伙计有商量，生意只要做得长。古话一回客莫做，头科不中望二场。
第五伙计心要平，听唱古人过海时。心好别人心好自，菰树砍多总有年。

二是请帮工，即"请脚"。不同的帮工各有各的优点，需要菇民自己斟酌。如亲人比较忠心，年轻人比较有进取心，"无论轻重肯进前"，老人做事谨慎有经验，少年则工钱比较少，能够承担一些技术不高的工作，"砍树受蓬都要人……大小工钱两样分。"

"出门做楠章"关注的是菇民出门以及建筑菇寮和烘焙间的注意事项。

"菰树柴名章"对于菇木的优劣做了评判，如檀香是最好的，橄榄和栲树也是优质的菇木：

第一菰木是檀香，檀香鼎大如处间。鼎好头年出的本，第二三年更肯生。
第二菰木橄榄柴，会生青果各人欢。无论冬春一样发，无论年成轻熟年。
第三菰木尻树柴，四季长青叶底黄。皮带红丝树高大，香菰发出重叠重。

其他的如米槠等较为次等的菇木各有优点,除了提到的二十种菇木外,其实还有其他树种可以种菇,不过"恐怕各省传扬去,照书自放漏根机",这里就没有提到了。

第九"今时传古章"开头就说"表起民国十二年",看来并非是根据"古传言"整理的了,而是作者自己编写的,叙述近两年的香菇市场的歌谣。在1923年(即作者编写本书之去年)菇价高昂,"菰价鼎好第一年。广东冬菰五百块,景德也有两百零。"到了1924年菇价大跌,加之"去冬无雪春雨多。日日都是寒冰冷,天不回暖不发菰",菇业市场萧条。不过作者以为"天意不顺无奈何,劝你各友口莫多。童生只要文章好,头科不中望二科",来年尚有希望。

除了叶耀廷记录的菇民谣谚外,还有其他事关菇业生产和菇山生活的谣谚在菇民间流传。有选择山场标准的:"山场阴,香蕈薄又轻;山场阳,香蕈花又香""山场光又实,香蕈多又密;山地蓬又松,十橛有九空""批槯先瞅山水,讲亲先瞅爷娘。岗背弯底莫贪,不困儿宅眷莫想"。也有说明砍花法树种和砍花工艺的:"杜翁橄榄种香蕈,赤曲朱标当凉柴""红栲花香,赚钱有昌;杜翁橄榄,赚钱有限""砍花老鸭叮,手艺还未精。砍花如水槽,香菇保不牢。若砍戴帽花,力气白白花。砍得两边伏,不愁香菇无"。还有预测香菇产量的:"年情落灰,香菇成堆""一年雪,三年歇",以及叙说菇山生活之苦的:"上山打拳落山退,香蕈当饭饭当菜""大郎丢弯则,小郎待待客"。这些简单、浅白的谣谚,几乎覆盖了菇民种菇和生活的方方面面。菇民对于自身最关心的大概就是以上所唱之内容。普通菇民所受之教育,当不外乎以上几方面,虽然他们不识字,但是听着长辈们的口述,对于种菇也可有基本的了解。但是更为关键的细节,只能通过老一辈菇民的言传身教和自身的实践了。如砍花法的关窍,菇山生活的口令和

第二部分　晚清菇民身份发展的两个面向

隐语等事关菇民身家性命的内容，绝不会通过谣谚和书面的形式流传，现在我们所知的如"夜间敲门问谁之之，答我之之"等菇民内部口令，都是在砍花的技术被取代，没有保密的必要之后，才从菇民口中流传出来的。

菇民喜闻乐见的戏剧是其认识世界的另外一种手段。作为流行于龙庆景一带的剧种，二都戏据传发源于庆元二都，但发源时间与传入情况不明。可以确定的是，二都戏在清代就已经出现。清末到民国初年曾有庆元的"锦福班""三星班""永昌班""水路班"和景宁的"新锦吕""新舞台""新日福"等十多副班社，足见规模之盛。其剧本、唱法等明显吸收了安徽、福建和金华等地著名地方戏种的特点。

二都戏的演出场所，多在村内神庙之中。各村之菇神庙，均建有戏台，戏台左侧为女戏楼，右侧为男戏楼，庙会之时，便要延请戏班前来演戏。除了神庙以外，宗族祠堂也是二都戏的表演场所。由于村民祠堂面积普遍较小，无法建筑常设的戏台，一般都是临时搭建。二都戏中唱本丰富，有《空城计》《桃园结义》《定军山》《武松杀嫂》等广受欢迎的折子戏，有《梁祝》《白蛇传》等正本戏，以及《打红拳》《长寿寺》等武打戏，《马冯换妻》《瞎子闹店》等喜剧。这些戏剧与菇民谣谚不同，绝大部分是从其他剧种中的经典剧目里移植而来，并非菇民生活的真实反映，而是主流文化在菇民群体中的传播扩散。《菰业备要全书》中也记录了三个与二都戏戏剧相关的故事：第一是"薛仁贵和樊梨花西征吐蕃"，第二是"包公斩皇亲"，第三为"方卿登状元娶翠娥"。正是"唱歌到底唱歌人，大小老幼都听的，句句都是唱古人"。追溯这些故事，樊梨花的故事来自《三请樊梨花》，包公的故事来自《卖花记》，方卿的故事来自《珍珠塔》。叶耀廷对于这些"古人故事"的总结就称："全字二点本是金,大细听我唱古人。孟宗苦竹冬生笋,郭巨埋儿天赐金。全字二点本是金,少年读书要功心。诗云读书须用意,晚来一字值千金。全字二点本是金,劝人后生要克勤。书云富从升合起,勤俭两字值千金。全字二点本是金,劝你世人要修身。行善之人天庇佑,平安二字值千金。"这些结论都是通过郭巨、包公、樊梨花等和菇民及菇业毫不相关的人物经历得出,充分反映了主流文化对于菇民意识的影响。

小 结

生活于偏僻山区的菇民,显然没有同主流社会割裂开来而形成一个类似于畲族的族群群体。晚清到民初,菇民对于自身的叙述沿着两条道路在行进。一是不断向主流文化靠拢。菇民对于刘伯温传说的创作,对于吴三公形象的塑造,均能看到其对于主流文化的接续与吸纳。二是由菇民原创的菇神吴三公,标志着菇业生产特质的身份塑造在此时登场了。不过菇神吴三公被皇帝封为判府相公,之后显灵退贼得到县志表彰,显示特质性的菇业仍亟须正统的认可。菇神文化也是菇民参与地方权力竞争的一种手段。吴三公同五显大帝之间关于菇业祖师地位的分歧,暗示着庆元菇民同龙泉、景宁菇民之间的权力斗争。

而菇民的谣谚及二都戏,表明菇民在走南闯北的过程中不断发展菇民文化,这不仅体现了菇民特质的增长,还表明菇民在不断迎合和吸收主流文化中适应菇业经济发展的诸多要素,形成了菇民特质化和向正统文化靠拢这看似矛盾却又同时发展的现象。

第三部分

民国时期『菇民化』之曲折

何谓"菇民化"？在本文中，"菇民化"指的是晚清时期由于菇业的繁盛所带来的菇民内部的一系列独特的组织、文化等促进其身份认同分化的发展过程。上文所提及的"山寮白"、菇帮以及各类菇神崇拜与菇业传说正是"菇民化"的具体表现。但到了民国时期，这一进程遭遇了重大挫折。一方面是由于三县菇业衰退，另一方面则是因为地方权力体系的变化。第五章便阐述了民国时期政府将政权组织深入基层的尝试。但在此过程中，因为政府资源的不足，使得基层势力，尤其是菇民宗族掌握了基层政权组织的权力，许多"基层强人"获得了官方头衔。在政权权威的冲击下，基于原有地方权力体系的菇业传说与菇民组织逐渐为菇民所抛弃，也减弱了菇民身份认知发展的动力。

但是，如第六章中所言，随着20世纪30年代以来菇业危机的进一步发酵，政府出于维护社会稳定与挽救农村经济的目的，在治下"发现"了菇民这一群体，并拟定了一系列救济计划。尽管这些计划均告失败，但政府与学界的调查行动与话语却深刻地影响了菇民对于自身身份的认知：主流话语体系中出现了被称为"菇民"的群体。菇民也迅速利用了这一概念，将自己定义为"菇工"，从而为自己争取更大利益。

第三部分　民国时期"菇民化"之曲折

第五章　民国基层政权组织的建设与菇民化的停滞

政权下乡乃是民国时期基层社会治理最重要的趋势之一。这一趋势对菇民的影响，时任庆元县县长的陈国钧云：

> 此总计十五万菇民，各在其本籍，同样受到所属政府的一切行政管理，并受相同的教育，纳于同一政府制度的组织，灌输相同的智识，陶融于同一文化水准范畴之内。总之，一切在其所属县境内与其他非菇民并无二致之处。[1]

陈国钧认为，政府通过整齐划一的科层组织，将菇民纳入主流社会之中。然而，他推定的结果虽与现实大体相符，但过程却有所不同。恰恰是国民政府这种并不成功，或者说表面上的科层化，成功地让地方势力的力量扩张，菇民在地方上新获得的行政权力压缩了菇民特质的空间，从而造成了这一时期"菇民化"的停滞。

第一节　"菇民化"的停滞

自晚清开始逐渐在菇民口头传说、祖先"历史"中以及生产组织架构上浮现的"菇民"身份意识发展进程，在进入民国之后却陷入停滞与衰退状态，突出表现为菇民传说创作的断层，菇帮的瓦解以及菇民自我认知发展的停滞。

菇民传说为菇民文化中最易为外人所识别的部分。几位重要菇神的

---
[1]《菇民研究》，第1页。

故事，均创作于晚清乃至之前。刘伯温"讨皇封"一事，上文已述，在1920年胡先骕考察浙江植物时便已广为人知，其创作年代当在此之前。吴三公的种种神异传说，也应当落在菇民在西洋村一带建立起神庙的时间段，即晚清时期。更加古老的菇神五显大帝，其下田村庙宇的建立时间为咸丰十一年（1861），传说的创作年代应当更早。菇民宗族的传说同样聚焦于晚清乃至更早之前的人物。上文所述之下田周发杞的发财经历，便是在神化晚清时期下田周氏代表人物发杞公的历史。以是观之，当前尚存的菇民传说，绝大多数均出现于晚清。在民国三十多年间，菇民似未创作出任何一个独特的神明形象或传说故事。

菇帮权力的衰落与组织上的涣散亦是民国时期"菇民化"停滞的表现之一。从该时期的案例来看，菇帮的裁判权已经变得相当有限。如《刘明梓诉刘光永之母项氏纠众殴打案》中，原告刘明梓自述"香菇为龙邑农民最苦之经营，举凡偷窃，轻则公罚，重则鸣官究治，议规甚属綦严。合乡多此经营，深知自爱，故窃取者极为稀少"。刘明梓在抓到项氏偷窃之后，选择了"公罚"，"随投村内素向做菇之余希梅等照依议规，向斥之非，以戒将来"，[1] 并未选择向菇帮三合堂进行投诉。而且，被告项氏也未理会余希梅的调解。案情升级之后，刘明梓选择"鸣官究治"，菇帮同样未参与其中。

如此看来，除了强制抽取半股收益，举办庙会外，菇帮在菇民平日生活中的存在感并不强，也缺乏对菇民的管理能力，实为一松散组织。陈国钧所称的"尚为一散漫无组织的大集团"[2] 并非虚言。

---

[1] 《刘明梓诉刘光永之母项氏纠众殴打案》，浙江龙泉档案馆藏，档案号：M003-001-13982，第15页。
[2] 《菇民研究》，第15页。

第三部分 民国时期"菇民化"之曲折

在组织上,菇帮也变得愈发涣散。自19世纪末,在闽、徽等省经营菇行的人建立了许多地方性的菇业同业公会,如福建建瓯、建阳、沙县,安徽休宁等地的菇业公会。这些公会组织组建的目的同菇帮一样,是为了维护菇行主们的利益。比如,1931年,季克谐等菇业公会代表呈请行政院"迅令安徽省政府制止休宁县教育局勒收菰捐"[1],1932年,同样是因为安徽省宁国县教育局违反裁厘明令继续强征徽菇捐,"龙泉等三县旅皖菰工代表"王明华等呈请浙江省政府请求撤销。[2] 1947年,福建松溪县向菰行摊派香菰国教基金捐,遭到该县菇业同业公会上诉。[3] 这些以县为单位的菇业同业公会,在为维护自身利益时着眼于一县之地,而不像菇帮建立传说中那样"联合二十余县菇民",这意味着以"闹九江"传说团结起来的菇帮,到了这时已经处于一个极为松散的状态,其大部分权力已被各县的菇业公会所夺。

与菇帮有着密切联系的五显庙,亦随着政府基层组织的推进而逐渐丧失权力。20世纪20年代初,下田村人金天锦与张茂金发生菇款纠纷之时,尚且选择在五显庙中进行公证:"邀投公人王礼宝、柳时祥、洪顺昌协同乡警周兆斌暨各伙人等于本年旧历六月在下田五显神庙算明五年二六年收付及民国四年以前收付。"[4] 被告透支百余元,而后便在大帝庙向其理论追回。显然,五显庙及其背后的菇帮组织在菇业上有着相当的权威,金天锦等人才会选择在五显庙中对债务进行复算和追讨。二十多年后,1946年,同样是菇业相关的争端,《李承迪向叶举茂追

---

[1] 《批第一五一三号》,《行政院公报》第250号,1931年,第35页。
[2] 《浙江省政府批秘字第四六六号》,《浙江省政府公报》第1415期,1932年,第14页。
[3] 叶桂:《当前苛捐杂税摊派的鸟瞰》,中华民国工商税收史编写组、中国第二历史档案馆编:《中华民国工商税收史料选编》第5辑,南京:南京大学出版社,1999年,第797页。
[4] 《张茂金诉金天锦付款纠葛案》,浙江龙泉档案馆藏,档案号:M003-01-16684,第23页。

偿股息案》中，"被告理屈，托出亲友及邀请毛乡长存楷调处"[1]，未见五显庙踪影。可见，二十多年后五显庙及其庙祝在菇业争端中的地位也为保甲人员所取代。

到了20世纪40年代末，菇帮在菇业名义上的领导地位也丧失殆尽。周仁余、叶承标等人所筹办成立的龙泉县香菇职业工会，选择"假龙南乡中心学校召开筹备会，推定筹备委员"[2]，而不是传统处理菇业事务的所在地——下田村三合堂，表明三邑菇帮在这个时期已然失去其在菇业上的权威，而龙南乡中心学校，这个配合着保甲制建立起来的新式教育机关，取代了三合堂及五显庙这传统的菇帮公共场所，成为菇民心目中新的权力中心。

更为重要的是，菇民对自己身份的认知依然停留在务农为主，菇业为辅的阶段，即认为自己是普通农民，菇业只是补充田地收入的副业。《叶赐标诉叶举炳等狡串诈财案》之被告叶举炳等便称："窃民等务农为业，冬收之后外出做菇以补不足。"[3]又有廖水根为菇客，却自述"民素守安分，耕锄为业"[4]，足见民国时期，菇民倾向于将自己的身份定义为农民，而非主要从事菇业之菇民。

菇民化进程在民国的停滞与衰退自然与菇业在民国时期的衰退密切相关。另一个重要原因是随着科举制的废除乃至民国的建立，菇乡的政治环境发生了很大的变化。原本以科举功名为代表形式的正统文化权威，即菇民宗族中常见的耕读传家叙事，随着清王朝的覆灭一并

---

[1] 《李承迪向叶举茂追偿股息案》，浙江龙泉档案馆藏，档案号：M003-01-12090，第13页。
[2] 《龙泉香菇职业工会》，浙江龙泉档案馆藏，档案号：M003-001-000171，第3页。
[3] 《叶赐标诉叶举炳等狡串诈财侵占案》，第68页。
[4] 《郭溢亨诉朱世考等入室盗窃案》，浙江龙泉档案馆藏，档案号：M003-001-3111，第64页。

消失了。20世纪30年代中期推行的保甲制度及国民党组织的扩张，建立起县、乡、保、甲层层划分的科层组织，让政权第一次如此深入乡间地头。曾经代表文化权威的学校，亦成了政权向基层输出影响力的窗口。不可避免地对原有的乡村权力结构产生了冲击。但是，菇民内部基于血缘关系的权力结构在这次冲击中还是顽强地生存了下来，并改头换面地以保甲人员的形象再次出现。显然，政权并没有达到将基层纳入科层组织的目标，相反，基层的宗族等势力还因为政府权力的下放而更加强大。

第二节 菇乡教育与宗族

一、民国初年的校长

光绪三十一年（1905）科举制废除之后，菇民各个宗族发现自己骤然失去了他们一直以来秉持的阶级升迁路线，"乃值世界光复之秋，科试停止，纵文有蔺相如之学，武有伏波之能，亦无可如何。"[1]"耕读传家"的叙事日益失去了市场。这就意味着，作为菇民宗族权力来源之一的正统文化权威逐渐丧失了作用。在此形势下，如何进一步提升宗族乃至自身的实力，成了菇民面临的严峻问题。这时，政权的力量以倡办学校等形式渗透到菇民中，菇民各个宗族在这些政策中看到了同政府合作的机会，并意识到加强同政府的联系将有助于其在基层地位的提升与巩固。

蛟垟叶氏与新政府之联系便是自教育始，这和叶氏一贯以来重视教育的风气不无关系。《蛟垟叶氏重修族谱序》云："民智开，国必兴。风俗良，族必昌。然民智之所以开，风俗之所以良，均由教育来也。"该序之作者，便是龙泉县劝学所所长李为麟。叶氏通过迎合政府新的教

---

[1] 《叶氏宗谱·重修宗谱序》，民国八年。

育政策，第一次同县一级的官员发生了联系。那么，叶氏是如何配合政府的教育政策并说动李为麟为其作序的呢？《谱序》中说道：

> 麟于戊午年夏秋之际，为推广教育事宜，同邑令王秋根先生赴各乡劝导，自夏而秋，已越两月。今又自西徂东，亦以东乡地势高峻，风气较缓，学校寥寥，不得不亲往开导，以期逐渐兴办。延于乞巧日至蛟垟村，见夫山秀水青，人烟稠密，心实喜焉。正欲与王邑令下车问俗。未几叶君郁堂竟偕其弟赓堂同阿叔文茵迎于门，招入其室而宿焉。郁堂君原为村学董，早经县知事拣选委任。其人淳厚笃实，亦前清之学者，对于学务悉具热忱，且得其弟赓堂君力为辅助，奏效自易尤可称者。叶君文田、文茵已届耄年，每谈地方公益，莫不津津有味，精神为之一振，理宜发表之事则直言不讳，益有古风存焉。此次对于劝学，更觉勇往直前，以图促进。故是夜饭毕，即邀集村中父老议决募捐。惟蛟垟村以叶氏居多，捐助兴学亦应叶氏首先提倡。斯时有愿出百金者，有甘输五十金者。王邑令见其仗义疏财，莫不面为嘉奖，并□遵章请奖，以增叶氏之光。乃公事甫毕，而叶氏族众以彼族适逢修谱，索序于麟。麟自揣简陋，又值公忙，未敢轻率为文……兹幸叶氏诸人士肯毅然出而组织学校，以教育子弟培植人才，将来子弟俊秀，人才发达，一族之荣即为一乡之福，并为一邑之光。[1]

从这篇李为麟撰写的谱序中可以看到，叶氏族众在两位县级官员面前，通过"迎于门""邀集村中父老"，展示了他们在蛟垟村的地位，并且踊跃捐献学校资金等行为，表明其对县府政策的迎合态度，这对于亟须推行教育获取政绩，又对在东乡推行政策前景不甚乐观的李为麟来说，可谓意外之喜。

除了请得李为麟的谱序之外，叶氏族内还有多人因为捐资办学，

---

[1] 《叶氏宗谱·蛟垟叶氏重修族谱序》，民国八年。

第三部分　民国时期"菇民化"之曲折

获得了政府嘉奖。如锡璠公于民国七年（1918）捐银百元兴办蛟腾国民学校，蒙浙江省省长齐耀珊奖给银色三等褒章，锡玛公亦因捐款兴学被奖银色三等褒章。[1]能够得到政府的肯定，无疑对一直僻居东乡山区的蛟垟叶氏是巨大的鼓舞，也是对其在蛟垟村乃至龙南乡地位的进一步巩固。蛟腾国民学校校长叶绍唐"诗书人也。前清军考试榜列高名。惟恨科试停止，经纶未展，不满平生之愿也"。在友人眼中，他"素性安闲……名高望重，得人伦之至乐"。"时值王知事新办蛟腾国民学校，公举兄为校长，适逢其会，诚为美举。"[2]尽管兴办蛟腾学校乃是叶氏迎合县政府政策的行为，族谱中友人潘道璋还是将其美化为"王知事新办"，无形中提高了叶绍唐这个校长的分量。但在同村人眼中，他的形象并非如此正面，其曾被人控诉"在乡间自恃国民学校校长、教育中人，交朋甚众，尽可直接运动官厅"[3]，"家恃丰厚，年方强壮，急欲脱露头角，时借事端以压服他人，有不从其意者，思中其害，骎骎乎欲为地方之霸雄"[4]。但这个国民学校及校长职位，都让叶绍唐和叶氏宗族获得了一个全新的官方身份，并让叶氏同县政府产生了一定联系。

龙南、龙溪等乡的其他宗族亦迎合政府兴办教育的政策，运用宗族的力量兴办了几座新式学校，在传授全新教育内容的同时也借此获得了同政府联络的渠道，从而形成了一定的政治优势。如龙南乡龙井村于民国七年（1918）集数村之财力成立启蒙初等小学，"共捐有基金约三千元，所有桌凳风琴图书等小学需要用具，悉数购备。校舍亦

---

[1]《叶氏宗谱·功名》，民国八年。
[2]《叶氏宗谱·族望》，民国八年。
[3]《叶绍唐诉余芳海等诽谤案》，浙江龙泉档案馆藏，档案号：M003-01-7347，第3页。
[4] 同上，第22页。

系买来重新修造,教室、会客室、教职员寝室、厨房一应俱全。"[1]从该校有风琴来看,似乎曾开设音乐课。而且新建校舍,规模颇大。该乡下田村也有"旭旦学校"[2]。龙溪乡荒村也于"民国初年曾经设立扶东小学"[3]。宗族之族产,成了这些新式学校的主要资金来源。如下田村旭旦学校,校董为周国烘、周继铭等,校长为周继模,属于同一宗族,其资金大概是来自周氏之族产。扶东小学也是"由各清明祭产酌拨,以资开支……各祭产前已酌拨并得共有人同意,各立拨字任本校执管"。自然,这些宗族中有文化的成员成了学校校长或校董,并掌控了基层与县府的沟通渠道,成了地方上的显要人物。如1920年龙南乡下田村《金兆浪诉周继模诬良作盗案》中,金兆浪就称被告周继模"现得本村旭旦学堂校长,自恃办学权势,有恃无恐"[4]。1922年,坪田村学校校长叶赐舜,"奉钧署委任办学"[5],被诉"近年兼以校长头衔,尤加声势,如虎树翼,噬人更凶。不以学校名词威良懦,即以校长声势欺乡愚"[6]。

不过,这些于民国初年设立的小学,大部分很快就关闭了。规模较大的启蒙初等小学,在"民国十年办过毕业一次,毕业学生九名,以后迄今未办过毕业,今校舍亦被该村人拆毁,板壁门窗全无,校内置备之床架桌凳窃取一光,基金亦被挪用净尽"[7]。荒村扶东小学也"旋因经

---

[1]《龙南乡五至十保国民学校》,浙江龙泉档案馆藏,档案号:M012-002-137,第29页。
[2]《金兆浪诉周继模诬良作盗案》,浙江龙泉档案馆藏,档案号:M003-01-9320,第7页。
[3]《龙溪乡保国民学校》,浙江龙泉档案馆藏,档案号:M012-002-135,第164页。
[4]《金兆浪诉周继模诬良作盗案》,第7页。
[5]《李继豪诉叶赐舜等掘磡毁田案》,浙江龙泉档案馆藏,档案号:M003-01-3578,第35页。
[6] 同上,第6页。
[7]《龙南乡五至十保国民学校》,第29页。

济衰微，从此停顿"[1]。

直到30年代末，随着保甲制度的推行，各保学校得到重建。与民国初年的新式小学一样，基层的宗族组织在这些学校乃至以后的国民学校的创立和运行过程中，也发挥了巨大的作用。有所不同的是，校长身份不再是一个同县府有着模糊联系的角色，而成了保甲和国民教育体制下的一个成员，校长被吸纳进政权体系中，明确地成了政权在基层的代表。

二、国民教育在菇乡的推行

1939年9月，国民政府颁布《县各级组织纲要》，在推行新县制的同时，规定乡镇设中心国民学校，保设国民学校，均包括儿童、成人、妇女三部分，使民众教育与义务教育打成一片。同时提出"将乡镇一级之乡镇长，中心小学校长，及保之一级保长，国民学校校长，保壮丁队长之职，定为一人兼任，其乡、镇、保之经济、警卫、文化、卫生等建设事业之执行，亦由小学教师负责分掌，所有组训民众，实行自治之使命，均完全以小学为中心"[2]。为配合此制度，1940年8月21日，教育部公布《国民教育实施纲领》，提出普及国民教育三阶段目标。第一阶段"各乡（镇）均应成立中心学校一所，至少每三保成立国民学校一所；在本期终了时，须使入学儿童达到学龄儿童总数百分之六十五以上，入学民众达到失学民众总数百分之三十以上"[3]，此后逐渐提高指标，增设学校和班级，最终在民国三十四年（1945）达到每保一校，百分之九十儿童和百分之六十民众入学的目标。在学校的设立上，"应先就当地原有之公立小学及单独设立之民众学校改

---
[1] 《龙溪乡保国民学校》，第164页。
[2] 蒋介石：《告全国小学教师书》，《战时教育》第5卷第7期，1940年，第22页。
[3] 《教育部订定之国民教育实施纲领》，中国第二历史档案馆编：《中华民国史档案资料汇编》第5辑第2编，南京：江苏古籍出版社，1997年，第421页。

组为中心学校及国民学校,但改组时至少应维持其原有之学级……当地原有之私立小学得维持现状,但当地因经费关系不能设置学校者,得指定私立小学并补助其经费作为代用中心学校或国民学校。"[1] 遵照此规定,龙溪、龙南两乡的乡立初级小学,纷纷改称保国民学校,各个私立初小,自此也被纳入国家教育管理体制之中。在教育科目上,也按规定设国语、算术、常识、劳作、美术、体育和音乐七科,一些条件不好的国民学校,则酌情去掉音乐或是美术。

不难看出,国民政府不仅仅将国民学校视作教育的场所,更是一根打入基层的楔子,而国民学校之校长便是这根楔子的尖头。为此,国民政府特别规定:"国民学校设校长一人,主持全校校务,在经济、教育较为发达地区,应由县政府遴选具有《修正小学规程》第六十四条规定资格或检定合格人员委任之。人才经济困难地方,校长得暂兼任保长或副保长,保长或副保长之具有小学校长资格者,亦得暂兼校长。国民学校校长兼任保长时,于可能范围内,应增设专任教员一人,兼任教导主任,襄助校长处理校务。"[2]

新规对于教员也有着类似的要求:"国民学校教员,由校长遴选具有《修正小学规程》第六十二条规定之资格及检定合格者聘任之。经济困难之地方,得依照《修正小学规程》第六十六条之规定,聘任代用教员。国民学校教员,得于教学工作时间外,兼办保办公事务。"[3]

不过,保长兼任校长的做法在两乡各保中很少得到实践,曾经的初级小学校长大都连任,新成立之保国民学校的校长也并非是保长。

即使如此,国民教育的推行仍然为各个保国民学校的校长赋予了

---

[1] 《教育部订定之国民教育实施纲领》,《中华民国史档案资料汇编》第5辑第2编,第422页。
[2] 《保国民学校设施要则》,《浙江教育》国民教育专号,1940年,第119页。
[3] 同上,第119页。

第三部分 民国时期"菇民化"之曲折

新的身份,他们不单是学校的管理者,更是政府在基层的代言人之一。在办学过程中,学校的大部分活动如教员任免、学生教育情况,岁出岁入预决算之制定均需向县政府汇报。此外,校长还同保长一道承担着政府所派发的各类任务,如绘制保地图,兴办成人教育和妇女教育,调查当地失学情况等。如龙溪乡第四、五联保国民学校校长洪濬在民国三十四年(1945)第一学期末需向县政府递交保地图、学生一览表、学校调查表、学龄儿童调查表、失学民众分期入学清册以及校产表等多份文件。[1]这样,通过大量的文书往来,政府监控着学校的发展和校长的工作情况,并试图通过校长监控基层组织,防止其因保长与地方势力勾连而蒙蔽政府。

但是,大部分国民学校校长除需完成政府交给他们的任务外,还要同保国民学校赞助(或称保管委员会)周旋,这与国民政府对于国民教育的制度设计有很大的关系,同时也与县政府财政窘迫密切相关。对于保国民学校的资金筹措,新规规定"保国民学校之经费,应以由保自行筹集为原则,不足时应由县市经费项下支给之"[2]。从龙南、龙溪乡的实践来看,实无县市经费补助一项,应全是保内自筹而成。所以,各校校长之薪给,除了中心国民学校的校长"由县市经费项下开支"[3],各保校之校长的薪酬则全由校基金发放。各校长开展各项工作的资金,也全赖校产。校产的筹集,按规定有以下几个手段:利用当地寺庙财产;经营公有生产事业;实行共耕田地;分工生产;采集出售天然物品;征集买卖双方共认捐助之手续费;征集劳动服务者自愿捐输其所得之酬金或奖金;由居民依其富力认捐款;劝捐及其

---

[1] 《龙溪乡第四、五保国民学校校长为开学送相关文件呈》,《龙溪乡保国民学校》,第334页。
[2] 《教育部订定之国民教育实施纲领》,《中华民国史档案资料汇编》第5辑第2编,第424页。
[3] 同上,第424页。

他。[1]就龙南、龙溪乡各校而言，校产主要来源于以下几个方面：资产租息、庙产、会产、清明祭产和私人拨助。如龙南第六保三十二年度（1943）岁入包括寺庙拨助一千六百元，神会拨助一千一百元，清明拨助一千二百元，私人拨助五百元。[2]第八、九保联立国民学校和第十保保校的岁入则是资产租息占了大头。[3]而保管委员们则牢牢掌握着这些事关学校运营的校产。除了乡长、校长两位当然委员外，其他委员（包括保长这位当然委员）均由保内人士担任。委员的产生，以龙南乡第八、九保为例，各位委员乃是由保甲长和乡民代表联席会议推举而来，而且和甲长、乡民代表有较大的重合。也有校赞助委员直接开会推举的，如龙溪乡第十一保国民学校的保管委员改选时便是"由上列出席者（保管委员）以口头公推热心人士充任之"[4]，无论如何，保管委员之产生，都是保内人士意志的体现。从各保保管委员的名单来看，人选基本为当地主要宗族之成员垄断。龙南乡第五保校第一任的赞助委员为张家郁、张汉祥、张家隆、张茂棣、张家田、梁绍康六人，为龙井村之张氏以及梁氏组成；龙溪乡第十一保国民学校之委员为何应悌、何应智、何应孝等，大部分由当地的何氏宗族成员组成，其他各保的委员组成大致与此二地类似。

若是观察几个保的委员履历则能更进一步了解其背景。

---

[1]《教育部订定之保国民学校及乡镇中心学校基金筹集办法》，《中华民国史档案资料汇编》第5辑第2编，第431页。
[2]《龙南乡第六国民学校三十二年度岁入经费预算书》，《龙南乡五至十国民学校》，浙江龙泉市档案馆藏，档案号：M012-002-137，第111页。
[3]《龙南乡第八、九保国民学校三十三年度岁入经费预算书》，《龙南乡五至十国民学校》，第248页；《龙南乡第十保国民学校三十三年度岁入经费预算书》，《龙南乡五至十国民学校》，第354页。
[4]《龙溪乡第十一保保管委员三十七年度会议记录》，《龙溪乡保国民学校》，第21页。

表5-1 各保国民学校基金保管委员会履历[1]

1941年龙溪乡第四保国民学校基金保管委员会

姓名	年龄	履历
刘作库	22	高小毕业，中学肄业半年曾任小学教员两年半
刘光统	71	私塾一年，曾任穹安乡乡长
刘光楷	52	私塾一年
刘金树	42	私塾一年

1942年龙溪乡第三保国民学校基金保管委员会

姓名	年龄	履历
刘关仁	35	私塾二年，曾任甲长
刘长志	42	地方公益
刘永善	39	私塾三年，地方公益
陆传郁	53	私塾一年，地方公益
刘德生	61	私塾一年，地方公益
刘德训	48	私塾二年，曾任甲长
刘五奶儿	24	私塾二年，地方公益

1944年龙南乡第八、九保联立国民学校赞助委员会

姓名	年龄	履历
季陶成	40	高小毕业，曾任乡民代表一年
周国财	36	乡民代表，曾任本赞助委员三年
练温祯	41	甲长，曾任第八保第六甲甲长五年
柳时祥	58	曾任本校赞助委员三年
王学松	22	龙泉县简易师范毕业
周永达	23	初小毕业，曾任本校赞助委员三年
周继裕	30	曾任本校赞助委员三年
叶发惠	37	同上
叶坛生	39	同上

[1] 资料来源：《龙溪乡保国民学校》，第21、22、206页；《龙南乡五至十保国民学校》，第245页。

1948年龙溪乡十一保国民学校基金保管委员会

姓名	年龄	履历
何应孝	30	中心小学毕业，曾任小学教员四年
何应智	27	中心小学毕业，曾任小学教员二年
何应如	27	初小毕业，曾任小学校长一年
何应仁	42	旧制高小毕业，曾任县参议员
李神养	25	中心小学毕业，曾任小学教员三年
何清	38	私塾一年
李承孝	40	私塾一年，曾任本保基金保管委员

可以看到，绝大部分委员都有过一定的受教育经历，结合龙泉东乡极高的文盲率，这些接受过教育的保民家境自然不差。同时，许多保管委员要么担任过甲长一类的基层公职，要么就是热心"地方公益"，在地方上有一定的影响力。且绝大部分的国民学校因为资金缺乏，不可能新建校舍，只得借用当地宗族祠堂或者神庙办学，这便与保管委员们发生了更为紧密的联系。保管委员的职责，最为重要的是征收学校运作所需的校产，大部分的会议都围绕着该议题展开。如八、九保于1944年召开的第一次常务会议便是讨论佃户因"本年天气久旱，兼被虫害等灾"请求减让本年租谷之事项，租谷"由本会各委员分头征收交由校长翻晒保存"[1]。

位于蛟垟村的龙南乡第二保国民学校的筹建过程充分说明了宗族力量在国民教育推行中的作用。前文所提及的蛟垟叶氏成为该校筹办与校租筹集的主角。这一点主要体现在龙南乡第二保国民学校的校租主要来源——祭产上。按第二保校筹备会议记录，叶氏各先祖如叶世泰公、叶

---
[1]《龙南乡第八、九保联立国民学校保管委员会三十三年度第一次会议记录》，《龙南乡国民学校》，浙江龙泉档案馆藏，档案号：M012-002-143，第250页。

第三部分 民国时期"菇民化"之曲折

明琪公、叶明锡公等清明田租,占了校产的绝大部分。[1]经济上的优势必然反映到话语权上,在第二保校的筹备委员会中,除了主任刘世昌和筹备员吴吉根外,其余全为叶氏成员。[2]

成立第二保国民学校之后,"村人有感觉到这班就学子弟将来欲求上进,以本乡无中心小学,而距离文化中心之区,又是很远,实为困难,势必半途顿学,诚为可悯。遂有提议开办中心小学之思潮。"[3]尽管该校由龙南乡各保共同兴办,但蛟垟叶氏在其中仍有重要地位。在中心学校的筹办过程中,筹备委员会由谁来领导决定之后校产归谁控制。身为叶氏族众一员的乡长叶肇基"但恨未得相当人才负责筹备,难予着手开办,因是虽迭奉令催开办,故未能设立"。之后笔锋一转,推出自己的族人:"叶承澍系省立十一中学旧制班毕业,曾任高小教授三年及负责地方慈善事业等等,均肯悉心研究,毅然从公,乡长拟聘该员为本乡中心小学筹备主任,以赴事功。"直到两年后,该校的筹备会议正式召开,此时的筹备主任已由叶承澍换成了叶肇基。经过筹备会议的讨论,"总务股推定叶肇基、叶承澍担任;经济股推定叶高彬担任;工程股推定余学琪、叶知春、叶高新、叶春生、叶春荣、柳洪生、刘钧、叶必超、叶臻等担任",[4]蛟垟叶氏成员占了委员会大半,更完全占据了总务股和经济股这两个要害部门,基本掌控了龙南乡中心学校的筹备工作。之后成立的基金保管委员会中,尽管有其他各保"热心士绅"的参与,蛟垟叶氏依然有着相对优势的地位。从1945年该校第一次基金保管委员会会议中可以看到,叶氏在地方政坛上的活跃成

---
[1] 《龙南乡第二保小学筹备会议记录》,《龙南乡国民学校》,第11页。
[2] 《龙南乡第二保初级小学赞助委员会履历》,《龙南乡国民学校》,第6页。
[3] 《为聘叶承澍为本乡中心小学筹备主任呈》,《龙南乡中心校》,浙江龙泉档案馆藏,档案号:M012-002-41,第48页。
[4] 《龙南乡中心小学筹备委员会第一次会议记录》,《龙南乡中心校》,第51页。

员如叶肇基、叶承澍等，占据着委员会的将近半数名额，[1]其余各保之代表仅有一到两个，蛟垟叶氏的优势可见一斑。

该校同前文提到的蛟腾国民小学一样，在实践过程中亦成为叶氏之政治资本。首任校长叶冠英在其呈中称："查本校奉令成立，叶乡长即刻召集各保保长开筹备会并亲自下保劝导，募款及拨校租，全赖他一人努力结果，始能成立。而筹备就绪即开始修筑校舍，奔找工人，在未收校租以前一切工人工资皆是他一人垫付，他虽忙着乡政的事情，总要抽出时间来校指导。他对于教育实深热忱，尤其对于本校热心之浓厚，令我办理教育之顺利，实在不少。而有这样热心教育叶乡长，不辞劳苦之精神，理应钧长鉴核嘉励。"[2] 叶冠英将筹备委员会的功劳都安在了乡长叶高新的头上，难免让人怀疑他与叶高新之间有着密切的联系，甚至此呈就是在叶高新授意之下写就的。

为了进一步获得国民学校的控制权，在校长这个关键位置的人选上，以叶氏为首的赞助委员会同县府发生了冲突。在首任校长叶冠英辞职之后，该校保管委员会主任同时也是乡长的叶高新提名"杭州市私立树范中学出身"的叶鸿接任，但是县府却委任季信培为该校校长。为此，叶高新与叶肇基反对称："兹闻钧府已拟派季信培君接充，查季君虽系简师毕业，而对本乡人民毫无认识，虽有高才及丰富经验，实为得地方人民之信仰，尤其是教育事业来源于地方，根本基于地方，单特独力，绝难维持。职等为顾全地方教育、儿童学业及代表民意，决推荐中学毕业曾经教员登记合格，干训所小教班训练结业之多年服务教界，热心教育，教导有方，不辞艰苦，人民崇信，人地相宜之叶鸿君为本乡中心国民学

---

[1]《龙南乡中心国民学校基金保管委员会会议记录》，《龙南乡中心校》，第73页。
[2]《为龙南乡长叶肇基热心教育祈请嘉奖呈》，《龙南乡中心校》，第64页。

校校长。"[1] 如此溢美之词，在校长推荐呈中实在少见，可见叶高新和叶肇基推举叶鸿之迫切。但县府未采纳叶氏之举荐，仍然委任季信培为校长。不过季信培仅在职一年有余便辞职，他在辞职呈中说"人地生疏，对教育愧无建树"[2]，可见其成果不彰。在季信培辞职之时，他举荐季善林接任，但不久之后却称"季善林系异乡人，资力薄弱"，转而推荐本校教员，"本乡第一保人毕业于龙泉简师，资力相符，故得地方人士之赞许，家庭充裕，学识兼优，办学有方"[3]之叶梓材接任，当是受到了叶高新等人的压力。

保管委员可以对校长人选提出自己的意见，但其对于校长并无任免权。除龙南乡中心学校外，龙南乡第七保校赞助委员以校长叶正荣办学腐败为由，召开保民大会将其免职，并推刘乃福接任，县政府以程序不合为由加以斥责："应先呈经本府，派员查照核实后昭令免职，方为合理。该校长滥用保民大会职权，擅自处理，藐视政府，殊属不法。"[4]正是此种财权与人事权的分离，为国民学校的动荡埋下了隐患。

三、校长人选的冲突

财权和人事权上的冲突的直接后果便是国民学校校长的频繁更迭。下文以两个保校为例，阐述校产保管（赞助）委员会和县府乃至保管委员会内部的冲突对于校长职位的影响。

第一个例子是龙溪乡第二保（叶村）国民学校。自民国二十九年（1940）首任校长叶发祚因违反兵役法被征送入营至民国三十七年（1948），校长职位人选更迭多达九次，许多任校长任职数月即告辞职。

---
[1]《为叶鸿接任校长呈》，《龙南乡中心校》，第36页。
[2]《季信培辞职呈》，《龙南乡中心校》，第7页。
[3]《季信培辞职呈》，《龙南乡中心校》，第7页。
[4]《县政府为龙南乡第八、九保联立国民学校校长人选不合法令》，《龙南乡五至十保国民学校》，第179页。

叶发祚去职之后，1941年初，校赞助委员会主任叶发松推荐的叶遇怀也被征调，不得不转委保长毛李养为校长。此校长显然没有得到赞助委员们的支持，在上任伊始便呈称"因本保学务委员，学款延未清算，无从接受，李养自惭望微德薄，一介庸愚，愿请辞退，另委贤能接充。如果要李养接受，恳恩派员清算学款后，方可接受"[1]。县政府并未接受其辞呈，而是勉励其"继续努力"并"令饬该管乡长，召集赞助委员会清算"[2]。然而在乡长刘汉召开赞助委员会会议之后，也同校赞助委员会一道，排斥该校长，其声称"该保保长不负责任，迄今无形停顿，尚未开课，以致该保儿童无处求学，长此以往，教育前途影响匪浅，职不忍坐视儿童失学，于本月十日会同该校赞助委员叶发祉、叶发松、叶发宝、叶发开、叶闰华、叶时杉、叶必模、叶枝章等公推叶必畴为校长，暨请登记合格之连克瑶为教员"[3]。

无奈之下，县政府委任叶必畴为新任校长，却并未给毛李养免职令，一时间形成了两位校长并存的局面。校董为叶必畴能尽快接任，便将"本校前向各会祀产收来之款收入家中"，使得"本年用度不能兑还缴校，本年上半学期停歇，尚未开始；下半学期更不能开始上课"[4]，在此形势下，为免地方教育停顿，"庙祀会产与户捐拨助及乐助基金退还原主"，叶必畴毫无疑问地赢得了校长职位。

此后两年间，由于众赞助委员的支持，校长职位未发生变动。1943年8月，县政府就成人教育各事项举办小学校长讲习会，叶必畴因"事前既未请假，届期又不到会讲习"[5]，被县长徐渊若下令免职，并派刘

---

[1]《毛李养请求辞职呈》，《龙溪乡保国民学校》，第128页。
[2]《县政府为毛李养继续担任校长令》，《龙溪乡保国民学校》，第129页。
[3]《龙溪乡第二保国民学校赞助委员会为推举叶必畴为校长呈》，《龙溪乡保国民学校》第131页。
[4]《为龙溪乡二保小学停歇事由呈》，《龙溪乡保国民学校》，第134页。
[5]《叶必畴免职令》，《龙溪乡保国民学校》，第139页。

作金前往接任。刘作金的遭遇与毛李养如出一辙,乡长刘祖英呈称:"讵作金在校教授为二足月,半途中辍,儿童文盲有学无师",并特别指出"援据该保世情,该保小学校长非委该保小学之前任校长叶必畴不可",该校赞助委员会也称刘作金"业于八月十六日开始授课并附成人班教授,仅教月余至九月二十日后该教员迄今并未来校授课"。县政府并未采信乡长和赞助委员会的说辞,但在校董们的抵制下,刘作金已经无法再继续担任校长了,只得以"人地不宜"的理由将其免职。不过,县政府也不会遂赞助委员之愿再次任命叶必畴,而是以其"未登记及格,又未参加校长讲习会"排除在校长人选之外。在乡长刘祖英推荐了刘庭生之后,县政府顺水推舟将刘庭生任命为该保校校长。

刘庭生到校办理交接时,也遇到了赞助委员的抵制:"讵该校前任校长之父叶枝梓等不肯移交云云,查刘庭生君本年上学期任本乡第九保学教员,有无成绩,视学谅必查明,对于教科该君可称无愧,此次叶枝梓、叶发松等不遵教令,擅自操权,自举校长自聘教员,希图混胡报销,不言可知。此等似此办学非沐政府迅赐派员莅保清算移交,教育前途定受影响。"由此怀疑"因去冬所收之校租,必有侵吞,更该校成立以来数载,尚未结算,又未列单公布"[1]。但在基金保管委员会口中,又是另外一番图景:"蒙县府继委刘庭生接充,本保不敢有所抗令,奈因刘庭生以前在该校服务一学期,尚是无负责之徒,敷衍之辈,一学期在校不足二周,实不可堪充。"于是众委员"邀开保民大会议请叶发道君为代理校长暂且整理校务,即于九月二十日聘请教师正式开课。查该叶发道行为正当,品行端良,颇得地方民众信仰,又兼该民教育热心,办事定能顺利,以谋前途之发展可幸也"[2]。

---
[1] 《刘庭生为校赞助委员不肯移交请求协助呈》,《龙溪乡保国民学校》,第153页。
[2] 《龙溪乡第四保赞助委员会推举叶发道为校长呈》,《龙溪乡保国民学校》,第155页。

在乡公所眼中，第二保国民学校的赞助委员们已经是不折不扣的麻烦制造者了，文化股主任刘步尧严厉指责其人："私利企图，财心之大，更是名副其实，至国家民族观念，教育文化事业，亦莫不视如罔闻。且有诸多不良分子，从中扰乱学校，破坏教育……近本乡二保已擅自违法妄选叶发道为校长，呈报在案等语云云。查该叶发道即不粗识文字，不敷校长资格，且为地方行为不当，流亡之徒，是其无人格。既无资格，又无人格之人，焉能任校长，为人民表率，社会先声？"[1] 鉴于此，乡公所举荐柳子辉为新任校长："柳子辉先生现年二一岁，系高中肄业期满二年，且经县考试合格行政干训所毕业之教师，既有青年气象且能负责校务认真教学。其原任本乡二保国民学校校长请求予其辞职，本校填送至聘约，准予验印发还。"[2]

但是，赞助委员们对于接任的柳子辉同样不买账，柳子辉呈称："职遵经于十月十五日前往办理交接，讵该校基金保管委员叶发道、叶发松、前任校长（叶必畴已出征）之父叶枝梓等仍抗不移交。时适值县座莅乡，即呈报在案。蒙县座批'传案追缴'交由区长办理。嗣经职同区长前往办理移交，讵该叶发松、叶发道等刁滑异常，见区长亲临即说'理当移交'等善言一番，俟区长一走，即言'县长区长均不能干涉此事，应由民意为主，乡保甲长均可民选，校长亦可民选'等理糊言。后由乡公所派警前往拘拿，然该叶发道、叶发松等早已远逃无踪，且运动各佃户抗完校租，如此情形，实难充任该校校长办理教育。为特呈请辞职，并荐本近之项恋君接充。"[3]

---

[1]《龙溪乡公所为推举柳子辉为第四保校长呈》，《龙溪乡保国民学校》，第162页。
[2]《龙溪乡公所为推举柳子辉为第四保校长呈》，《龙溪乡保国民学校》，第85页。
[3]《柳子辉为校赞助委员不肯移交校务请求辞职呈》，《龙溪乡保国民学校》，第86页。

第三部分 民国时期"菇民化"之曲折

当然,赞助委员会也不能让政府太过难堪,所以叶发道提出"自认捐资兴学款法币一万元以作学校设备之用"[1],县政府再次退让,任命叶发道为校长。查叶发道履历,仅为景宁英川高等小学肄业一年,曾任龙溪乡壮丁训练班及纠察队等政治教官,虽说未如乡公所所说"不粗识文字",但相比于刘庭生之龙泉中正镇中心学校毕业,并经小教甄别试验及格,历任初级小学校长及教员数年以及柳子辉的高中肄业且为经县考试合格行政干训所毕业之教师,实在有些相形见绌。但是,叶发道同叶必畴一样,得到了第二保校赞助委员会的推举,从而战胜了对手。但县政府未让叶发道在校长位置上停留太久,一年之后,县督学徐矫臣报告该校长"未经登记合格,不能兼任教员,应即聘请合格人员担任教授",所承诺的一万法币捐款也"逾期已久,迄今未购置,殊属玩忽"[2]。到了1946年初,叶发道因"办学不力,屡延校务"[3]被免职。二月,龙溪乡中心国民学校举第二保保民叶发登为校长:"查该保内无合格人员充任,假异村人接充惟恐人地生疏,一切势难顺利进行,对于事业殊多不便,为适应该保环境计,特推荐该保民叶发登接充。叶君虽未登记合格而保民信仰,校务尚可顺利推行。关于执教问题,可命其聘请合格人员教导。"[4]

叶发登虽为保内之民,但同样被保管委员为难:"查本校前任校长叶发道被保管委员叶思也只挑唆,不肯移交。查其原因,系上冬所余稻谷被叶思也等一批保管委员侵贪,故唆使发道拖延,为此迄今未开学,……将该保管委员叶思也前任校长叶发道传府清算移交实,为公便。"但是和其他人不同的是,他就算"自接办以来视学校一切于不顾,有意

---

[1] 《县督学徐矫臣为叶发道办学不力呈》,《龙溪乡保国民学校》,第91页。
[2] 同上,第91页。
[3] 《叶发道免职令》,《龙溪乡保国民学校》,第96页。
[4] 《龙溪乡中心学校为推叶发登为第四保校校长呈》,《龙溪乡保国民学校》,第93页。

破坏教育,曾于三十五年(1946)底第二学期钧受府记过处分在案,料该叶发登仍秉一贯敷衍塞职之作风,对于教育仍置之不理,不肯痛改前非"[1],仍稳坐校长之位两年之久。叶发登被免职之后,叶火根接任,旋因受同窗之邀前往中心国民学校担任教员而辞职。而后接手的张永权噩梦重演,"该前任校长(叶发登)勾结本保民众共济抗不移交",不久之后也辞职离任。

四、保内的权力斗争

若是校长能够得到保管委员的支持,那情况又会是如何呢?龙南乡第五保(龙井村)国民学校就展示了另一种模式。

梁绍康、张茂第等于民国二十七年(1938)六月间"召开保民大会,筹商议决第五保单独办龙井初小一所,一切经费由本保住民共同负担,所有本年为缴启蒙初小息金约卅余元,亦一并收回归龙井初小经费。业经本保保长等呈请备案,本学期即请安仁区派孔区长会同钧府,委派制巫督学、本乡乡长叶肇基筹定本小学常年经费一百二十余元,指定本保张氏宗祠为校址,聘定刘邦英先生为教员,公推梁士焕为校长"[2],后该小学改为第五保国民学校,至于1941年初,运行尚且良好,但是到了五月间,保管委员张茂第等声称"梁士焕家有兄弟二人,俱系甲级及龄壮丁,见本村学校成立校长一职,本可缓役,遂设计钻营,得充校长之职。如果循规蹈矩,守法而行,民众等亦无异议,不谓被告自得志之后,遂尔趾高气扬,忘其所以,非但对学校教育加以废弛,近复变本加厉,假借学校之名,竟施敲诈之实……"并提出其三条罪状:"(一)怠忽职务,贻害青年。查学校原有经费一百二十余元,可请教员一人,但是项经费概由被告保存,而被告因经营菇业,将款

---

[1]《叶发登免职令》,《龙溪乡保国民学校》,第103页。
[2]《龙南乡第五保国民学校筹建会议记录》,《龙南乡五至十保国民学校》,第29页。

扣留自用，甚至连米不发，以故教员时常借口回家，上课一日，停课三五日不等，一暴十寒，使莘莘学子，大受辍业之苦。似此怠忽职务，贻害青年，此应请明令撤职者一也。（二）借名敲诈，败坏校风。乘本村住民张茂俭赴赣做菇不在家之际，向其子张家成敲诈法币一百元又焦谷二担，宰去大猪一条，计重一百七八十斤。借口拨充学校为经费，其实悉数吞没入己。现在张茂俭回家，业已依法告诉，似此敲诈良民，实属败坏校风……（三）谋占职务，逃避兵役。查被告确系甲级及龄壮丁，即非学校毕业，又无相当资格堪以充任校长，此次谋占校长一席，实为逃避兵役，与兵役法完全违反。"[1]

县政府令龙南乡公所前往调查，但时任乡长叶肇基并未奉令。至于七月，张茂第再三催促称："民众方面金主如梁士焕不换，学校捐款分文不缴，似此双方坚持到底，学校方面势必等同虚设。"[2] 县政府再次急令叶肇基前往查核，不久后，叶肇基报告称梁士焕似无张茂第等所言之劣迹："（一）查该第五保国民小学当创办伊始之时，乃由钧府巫督学与职同往该保召开保民大会共同协商，始行成立。至于校长一职，亦是同时保民公推，录案报请核委充任，而该张茂第等以梁士焕设计钻谋，才得充当等语，显非事实。查该校经费，向系征收息金，藉资开支，全年收入总数只有一百二十余元，即可征收足额，当此米珠薪桂，谅该校长万难留存自用。教员教授，亦颇勤敏，自未闻有无故放假辍学贻误儿童学业。（二）去冬因有该保住民张茂俭之子张家成至张朝养家盗去财物颇多，后经该保保甲长暨地方士绅理说，由张家成赔偿张朝养失物国币二百元，失主张朝养自愿将其款拨助该校为校基金。迨今张茂俭回来，被村人煽惑，遂向法院告诉，现经人调解，已由该告诉人具状撤回，完案了事。此种情形，即指为校长借名敲诈，败

---

[1] 《张茂第等为请免去梁士焕校长职务呈》，《龙南乡五至十保国民学校》，第35—36页。
[2] 《张茂第等为请调查梁士焕呈》，《龙南乡五至十保国民学校》，第38页。

坏校风，殊无理由。（三）本乡地处山僻，文化落后，非唯该第五保并无一人具有相当资格人员充任校长，即全乡亦是寥寥无几。以该保人才比较，择委梁士焕为校长，堪说并非不当。按上列各点，该张茂第等即以校长劣迹呈请撤换，似觉无甚充分理由。"[1]

张茂第等见免职令迟迟未达，只得再次重申之前的观点："时将三月之久，尚未奉令撤换。闻系饬查未复，或云查员情面攸关，以致延不解决，然耶否耶？民等实难索解，但民等与梁士焕私人无德无怨，惟于学校教育方面，遭其如此败坏，空耗宝贵光阴，贻误青年子弟，民等为地方计，不得不破除情面，出面告发，冀挽已倒狂澜与万一。其实民等既无野心图占校长职务，又非有意气之争。两呈具在，可以覆按，查梁士焕前向住民张茂俭恐吓诈财，宰猪搬谷，已由张茂俭具状龙泉地方法院检察处告诉有案，现已呈状稿，足资铁证……尤其梁士焕确系目不识丁之人，根本无资格充当校长，且系甲级及龄壮丁，其为完全为避免兵役，更属违法行为。"[2]着重强调梁士焕敲诈张家成一案，并附上张茂俭诉状稿一纸。[3]

张茂第等口头威胁"学校捐款分文不缴"，但并未付诸行动，直到1942年10月梁士焕呈中还提到"奈以年来生活程度日高，如此区区基金息币，实不敷校内开支，三十年度及本年度上学期，职共垫付教员开支三百余元，此项垫款尚未归收，为职家寒，何能如此先行垫付……迅予派员莅校协助，可向保内住户祭田及神会租硕，照章筹拨，以充本校稳固基金，而利前途校务。"[4]如此看来校租仍然照常征收。这和龙溪乡第二保校保管委员动辄运动抗缴有很大的不同，看来与梁士焕之父梁

---

[1]《龙南乡乡长叶肇基对梁士焕调查结果呈》，《龙南乡五至十保国民学校》，第34页。
[2]《张茂第等为再次请求将梁士焕免职呈》，《龙南乡五至十保国民学校》，第47页。
[3]《张茂俭诉梁士焕敲诈状稿》，《龙南乡五至十保国民学校》，第49页。
[4]《梁士焕为校租不敷请求加征呈》，《龙南乡五至十保国民学校》，第55页。

第三部分　民国时期"菇民化"之曲折

绍康在保管委员会与地方上的威望有很大的关系。正是有了其父和乡公所的支持，梁士焕才得以在张茂第等的猛烈抨击下仍然稳坐校长之位，并使其抗缴校租的威胁没有化为实际行动。

到了1944年4月，梁士焕因办学不力被免职后，叶金坛接任。不过半年，叶金坛被征入营，县政府转委叶蓁为校长。作为在地方上毫无根基的校长，叶蓁甫一上任，便遇到了问题："讵料该叶发明称以乃子过去办学并未误公，今虽出征，尚坚执不肯移交。"校董也拒不配合叶蓁征收校租的工作，叶蓁虽"邀求当地士绅协助劝募租额"，但"该地民情顽固，虽再三劝导，终毫无效果"[1]，校董们更联名呈称叶蓁接任后"迄今全无足迹，蛛网封门，似此贻误学童前途，实不堪痛受"，且特别指出"本保之教育人材用之本保诚有数理"[2]，为此保荐张传财为校长。看来叶蓁也并未逃脱黯然离开的命运。

叶蓁辞职之后，新任校长叶发茂也同样得不到当地人的支持，他呈称"本校因过去校长未向地方士绅要求基金，所以过去时间亦是糊涂度过"，他接任之后，"因敝地人等亮不知教育事务，而且本人力量浅薄，不能向士绅们要求，求之亦是无效，而且保长亦是不管教育方面"[3]。保长张家郁则指责叶发茂"本保保校长叶发茂自充任校长以来，校门常闭，所有校务置之不理，似此非仅违背政府旨意且贻误地方学童，实非浅鲜"[4]，并会同保管委员会自行剥夺了叶发茂的校长职务，转而委任梁宿生为校长，被县政府以程序不合为由拒绝，可见叶发茂的窘迫处境。

---
[1]《叶蓁为校产无法征集请求辞职呈》，《龙南乡五至十保国民学校》，第69页。
[2]《龙南乡第五保保管委员会为请免去叶蓁职务呈》，《龙南乡五至十保国民学校》，第65页。
[3]《叶发茂请求辞职呈》，《龙南乡五至十保国民学校》，第1页。
[4]《保长张家郁等为保国民学校校长叶发茂办事不力呈荐梁宿生充任呈》，《龙南乡五至十保国民学校》，第3页。

不过，也有外来人成功担任校长的例子。如与龙井村相邻之第十保南坑村初级小学校长项朝厚于1938年自荐称"志愿担任乡立初级小学校长，服务政府一切法令，不辞劳怨，努力职责，抱具穷干苦干之精神，办理教育，在本学期内，绝不借故辞职，如有遵办不力，甘愿受最严厉之处分"[1]。到校就职之后，同样遭到当地校董之抵制，"各董事要将捐簿存董事处，不肯移交与校长"，原因是"有校董张茂第、张祖绣、张茂标、梁绍康、周继钊、洪盛堂等提称，以新任校长系外地人氏，就校董内推举一人妥为保管"[2]。校长项朝厚只得依照董事们的意见，将基金捐簿"存董事张大熹家"。这次妥协安抚了众校董，使得项朝厚能够较为顺利地开展工作，直至一年后项朝厚因参加省干部培训班而辞职。

可以看到，保管委员们最常制约校长的手段便是利用其掌握的校产，通过拒绝移交、抗缴校租等方式，对于不合己意的校长加以抵制。本来是由于政府经费不足而提出的自筹办法，现在成了地方人士伸张自己意志的有力工具。正是掌握了学校的命脉，所以各保国民学校的校产保管委员们对于校长的人选和任命有绝对的影响力，而县政府却常常败下阵来。若是保管委员们不予合作，那么即使有着行政力量的干预，缺乏资金的校长也会因为无法完成工作而被迫辞职或者被免职。譬如第二保校之刘庭生、柳子辉等，虽然履历光鲜，且有乡公所和县政府的背书，但由于得不到保管委员的支持，工作处处受制，以致无法维持学校正常运转而黯然辞职。但是一旦得到保管委员会或者某位"强力委员"的支持，那么校长之位便可较为稳定。如上文之梁士焕，其父梁绍康虽自称"务农为生"，但其实家中富有，早在1938年便参

---

[1]《项朝厚为自荐担任南坑初小校长呈》，《龙南乡五至十保国民学校》，第301页。

[2]《项朝厚为南坑初小校董不肯移交捐簿呈》，《龙南乡五至十保国民学校》，第308页。

第三部分 民国时期"菇民化"之曲折

与上南坑初小的复建,并成为赞助委员之一。在张家成案中,按乡长叶肇基的说法,"经该保保甲长暨地方士绅理说,由张家成赔偿张朝养失物国币二百元,失主张朝养自愿将其款拨助该校为校基金",若此说为真,则梁家必然在调解地方矛盾中发挥了作用,若乡长为梁士焕等掩饰,则说明其和乡长关系匪浅,结合后来张茂第、张茂俭等对于梁士焕兄弟敲诈的描述,无论如何,梁家在当地是颇有势力的家族。但是,相较于保内校长和保管委员错综复杂的亲缘关系,一个毫无根基的外村人要获得当地保管委员的支持是极为困难的,这就是为何绝大部分的外地校长都难逃被刁难的命运。

为何各校的保管委员们要处心积虑争夺校长这个职位呢?一方面,政府指派的校长确实存"人地两疏"的情况。作为外地人士,对于保内教育可能不会如本保人上心,但即使是保内校长,对于校务也多抱有敷衍的态度,如第六保校长张庆章,"去年(1944)九月间已擅离职守前往江西省辖下放种香菇"[1],第七保校长张吉珍"捏造学历经历资格……查自任职以来,未睹影迹到校管教"[2],则保管委员们的想法,更多的是对于外来人员干涉本保事务的敌视。担任校长,意味着其对于依靠祭产、会产等地方人士的资产所组成的学校基金有了一定的支配权,若是一个外人或是不受控制的人担任此职,毫无疑问的意味着实际掌握这些资产运作的保管委员们权力的下降,这当然让保管委员们不满。如上文之龙溪乡第二保校保管委员存在"去冬所收之校租,必有侵吞"的情况,财务状况也是"该校成立以来数载,尚未结算,又未列单公布",只有众保委员得以知晓。刘庭生到校,清查校产一事想必是犯了其忌讳。与之类似的是龙南乡第十保国民学校保管主任张祖绣以现任校长张

---

[1] 《张庆章免职令》,《龙南乡五至十保国民学校》,第130页。
[2] 《龙南乡第七保校保管委员为请将张吉珍免职呈》,《龙南乡五至十保国民学校》,第168页。

运达办学腐败为由,运动其他保管委员共同保荐其子为校长,张运达称其"捏名诬控,私荐亲生子张大义为校长"[1],如果结合三个月之后该校基金保管委员会提出的"前保管主任张祖绣非惟管理不妥,确有侵占之行为"[2],则张祖绣推出其子的动机显然不纯。又有龙溪乡第七保校校长毛昌广诉该校保管主任毛昌松"侵吞校租""历年收付款项专制不行"[3],可见一个较为独立的校长,对于校基金保管委员们对校产的支配确能形成一定制约,以至于委员们总想要推举出自己的人选。

另一方面,校长这一身份本身就象征着一定的权力。前文所述校长横行地方的案例,便可见早在民国初年,掌握着乡间文化大权,且多是富有之家的校长就在乡民的心目中有一定的权威。到了国民教育推行的时候,政府尝试将行政权力与推行教育相结合,希望将校长塑造成政府权力、理念甚至是党的代言人,这就使得校长的权势更大。随着校长一职纳入政府的官僚监管之中,在乡民心中,校长也有了"官"的属性。而本地的保管委员们对于该职位的争夺,正是他们掌握乡里权力和垄断与政府联系的重要步骤。

此外,担任校长还享有免征壮丁等好处。国民教育推行的年代恰好是抗日战争时期,对于保管委员来说,使其亲戚子女免被征入军中,有更为重要的意义。在龙南乡第五保的例子中,张茂第等就曾控诉梁士焕作为及龄壮丁通过钻营谋得校长之位以达到免征召的目的,第七保之张吉珍也被控"以身当应征兵役之列,捏造学历经历资格,蒙上欺下"[4],

---

[1] 《张运达为张祖绣等诬告呈》,《龙南乡五至十保国民学校》,第266页。
[2] 《龙南乡第十保校保管委员为免去张祖绣保管主任呈》,《龙南乡国民学校》,第277页。
[3] 《张祖绣侵吞校租案》,浙江省龙泉市档案馆藏,档案号:M003-01-08272,第4页。
[4] 《龙南乡第七保保管委员为请将张吉珍免职呈》,《龙南乡五至十保国民学校》,第168页。

可见担任校长或是教员,是当地免兵役的常见且合法的手段,这些职位自然受到当地人的觊觎。

校长的频繁变动,反映了县政府与地方势力之间的较量,也体现了乡间不同势力对于地方权力的争夺。从龙南、龙溪这两个乡的案例来看,在这场博弈中,保管委员们总是占据着上风。但这不代表龙泉县政府会让保管委员们为所欲为,政府还掌握着校长的任免权。面对着保管委员会的人选,县政府也有着自己的监督机制,向各保派出督学如梁士焕案中的徐矫臣等负责监察校长之举动,"办学不力"这一说辞,就是限制各校长及其背后势力最常用的武器,通过将办学不力的校长免职,塞入自己的人选,县政府在一定程度上有了同保管委员会抗衡的手段。但从实际效果而言并不理想。由于县府一无足够的精力,二无有力基层组织,无法有效梳理保中情况,也就无法利用保内各势力之间的矛盾,让自己的校长人选坐稳校长之位。因此,最后的胜利者总会是掌握财权的保管委员会。尽管政府建立起了教育科—中心国民学校—保国民学校三级的教育体制,层层分权,层层监督,形成了一整套科层化制度,但是,代表着地方宗族力量的保管委员会,在这套体制中有着很大的影响力。也就是说,表面上的科层化组织,实际权力还是由各个宗族所把持,而且,通过出任政府所授予的职位,这些宗族势力变得更为强大了。

第三节 菇乡科层化的尝试与曲折

一、保甲制下的菇乡权力结构

龙泉保甲制始于1934年,完成于1935年,组为5区,8镇,39乡,351保,3611甲,属于浙江省第一期办理保甲的县份。此后几经调整,其中以 1939 年施行的新县制改革最为关键。在《县各级组织纲要》的要求下，龙泉通过自县而下设立参议会、乡镇民代表会、保民大会和户长会议，建立保国民学校、合作社等举措，尝试实现基层"管、教、养、卫"合一的目标，同时调整区划，裁 5 区为 4 区，8 镇 39 乡并为 6 镇 28 乡，编 349 保，3682 甲。保甲制对于僻处龙泉东南隅的菇民来说，乃是一个全新的事物。他们的聚落被归入龙南、龙溪、金田等几个乡中，曾经的村长和校长职务，现在都由各级自治机关选举而后经县府委任的保甲长和国民学校校长所取代，并受到上级的监督。由这些基层人员施行的征兵、征粮、纳捐和清查户口等行动愈发频繁与严厉，也让乡村和县府的联系前所未有的密切起来。从各类档案中可以看出，核心的保、甲自不必谈，如国民学校、合作社、妇女会等一系列配合保甲目标实现的组织亦在龙南、龙溪等各乡运行。目前的保甲制度研究，多关注两个方面，一是从政府的视角出发，将其视为强化基层控制，榨取基层资源的工具；一是关注保甲制度中的保甲长们，多论述其身份特征和夹缝地位，如《民国时期的保甲与乡村社会治理——以浙江龙泉县为中心的分析》[1]《民国时期四川保甲制度与基层政治》[2]。本节的关注点则在于保甲制度的推行如何影响了菇乡的权力体系。随着保甲制度在地方的推行，经过县政府的委任，乡镇长和保甲长们的权力得到了国家的背书，带来了新权威的崛起。从档案中可以看到，原本以"公人"为中心的乡村权力结构动摇了，公人的权威在一定程度上为这些政府委任的基层管理人员所夺，最为显著的一点是，原先的公人在村民之中调解纠纷的职能，很多情况下已经由保甲人员所取代了。

---

[1] 肖如平：《民国时期的保甲与乡村社会治理——以浙江龙泉县为中心的分析》，北京：社会科学文献出版社，2017 年。
[2] 冉绵惠：《民国时期四川保甲制度与基层政治》，北京：社会科学文献出版社，2010 年。

第三部分 民国时期"菇民化"之曲折

例如,在1942年《周学堃诉周承豪等盗棺案》中,保甲人员就发挥了以往公人的职能:

窃民素不多事,安分守己。□因被告周承豪媳妇亡故,胆于本业十二日夜间,率领伊兄周承高、周承亮等,将民老父做好加漆寿棺一具窃盗而去,以为伊媳殡殓,此种不法之行为,诚为亘古所未闻。次晨知觉,即往蛟垟区并乡公所派警制止。时届废历年关,加以雨雪,不能行走,当承乡长刘汉、巡官叶青函嘱第一保保长周宗顺代为解决,一面由民邀同乡民代表吴马生、校长叶必松、甲长叶天仁等向其索还。[1]

在保甲制推行之前,村民多请求公人之帮助,如1931年,同样是窃盗案,距离周学堃等所居大寨村不远的下田村,朱天恒在诉朱天芬等人盗窃契箱时,就是"邀公人连兆金、朱天和向被告人询问"[2]。现在,保甲体制下保甲长和国民学校校长取代了公人的角色,应周学堃之请,助其索还棺材。公人在纠纷中的担保角色亦为保甲人员所取代。在庭审中,推事与周承豪的对话如下:

问:"你说棺材还他,能否找人来担保?"
答:"找勿来。"
问:"保长肯替你保吗?"
答:"保长肯保的。"
再问周宗顺:"你肯担保周承豪棺材还周学堃吗?"
答:"我肯的。"[3]

在此,保长周宗顺作为双方和解的担保人,和以往公人的角色如出一辙。此类保甲人员取代公人参与村民纠纷的案子相当常见。譬如

---
[1] 《周学堃诉周承豪等盗棺案》,浙江龙泉档案馆藏,档案号:M003-01-7543,第7页。
[2] 《朱天恒诉朱天芬等窃盗契箱案》,浙江龙泉档案馆藏,档案号:M003-01-3229,第6页。
[3] 《周学堃诉周承豪等盗棺案》,第32页。

1941年《张茂彩诉张家郁毁坟案》："缘民自己有田坪一所，坐落东乡龙井地方，土名外鸟儿，安着历管无异。于本月农历初九日，在该外鸟儿田坪头雇工挖掘坟穴，至十二日建筑完竣，欲将父母骸骨安厝于此，以慰先灵。殊不知挟仇之被告，觊觎风水佳胜，恶意横生，率同张茂益、张家邦等数人持械赴至坟穴掘毁。闻往，见势不佳，不敢与较，只得忍气吞声，即行报请本龙南乡公所，蒙乡长叶肇基邀同士绅叶高新前来和解。"[1]

1946年《毛世科诉毛昌护等窃盗案》："初九日夜，受被告毛昌护同妻项氏富连等狼心恶计，将民锁匙仓锁开入，盗去稻谷四百余斤，布袋二条……本月十四日民女毛松秀年十五岁，往到毛昌护仓楼经过，看见被告之父毛世祥开仓晒谷，民女望见被告仓内共色布袋一条，民女进入取出，与毛世祥同认布袋载有民名记号。当时与女挪来，被告胆敢率领堂弟毛驮儿逞强悍凶，抢袋灭赃，民独无抵退步，忍气吞声，将布袋交与甲长，后经投保长吴元长过问。"[2]在这些案件中，面临着对方人多势众，"逞强悍凶"的局面，原告都不约而同地选择向保甲人员，而不是原先之公人寻求帮助。就算是张茂彩案中之"士绅叶高新"也有保甲人员的背景。而且，保甲人员作为双方关键证人的案例越来越多，如前案之被告毛昌护为自己辩诉时，称"投同保长吴佛养、甲长毛水养前来申说，已经保甲长当场将原袋交还，并斥原告以后不得多事，绝对并未谈及有失去稻谷四担情事，有保甲长可以传质"[3]。1947年同乡之李朝金在诉李承功等盗木段案之状中亦言"被告李承功欺民懦弱，竟藉端纠集李火根等多人用强暴胁迫手段妨害民行使权利，并将民运堆路边

---

[1]《张茂彩诉张家郁毁坟案》，浙江龙泉档案馆藏，档案号：M003-01-13637，第8页。
[2]《毛世科诉毛昌护等窃盗案》，浙江龙泉档案馆藏，档案号：M003-01-12531，第5页。
[3] 同上，第89页。

第三部分 民国时期"菇民化"之曲折

之木段强行盖上李合利字号铁印,有保长李朝邦及李承春、李马登等眼见可证"[1]。在这些案件中,与以往的公人一样,保甲长成了双方重要的证人,其证词成为双方较量的砝码。

除担任证人和调解者之外,保甲人员的住所逐渐成了一个供村民存放证物的公共空间。1940年,下田村《周永亮诉叶广燕等窃盗小猪案》中,赃物小猪就被存放在本保的保长家中:"民贩猪售卖以逐十一之利,本年农历五月初十日挑猪仔十九只,至细乌坑村售卖,时适大雨倾盆,山洪骤发,山坑水满,猪仔逃散,各稍高地带。乃被告叶广燕乘机偷去一只,私自密藏……不料天网恢恢,该被偷小猪有特殊标志,民侦得实情,前往认明,于本农历九月十三日将原赃抬回,暂存保长金兆馨家以供证明。"[2]1943年《刘金珠诉刘长菜抢夺衣物案》中,甲长之家亦成为存放重要物件之场所。被告刘长菜"本月八日即农历六月初七日上午,告诉人洗洒衣服之时,被告得悉前往认领,系被告所有之青布女衣一件,当场取来,交由甲长张茂第暂予保存"[3]。甲长张茂第呈中说得更为详细:"古历六月初七日上午刘金珠换洗衣服之时,刘长菜投报前情,要求民在场见证取回衣服。民恐被等发生凶殴,只得前往刘金珠厅堂,刘长菜将其洗桶内女衣一件取出验明,系其所有,并交民保存……现此衣服暂存民家。"[4]在这些案件中,双方将案件有关证物存于保甲人员家中,正是看中了保甲人员基于政府权力的公信力。

保甲人员乃至这些顶着乡民代表头衔的"基层强人"的权力来源已

---

[1] 《李朝金诉李承功等妨害自由案》,浙江龙泉档案馆藏,档案号:M003-01-6878,第4页。
[2] 《周永亮诉叶广燕等窃盗小猪案》,浙江龙泉档案馆藏,档案号:M003-01-16702,第5页。
[3] 《刘金珠诉刘长菜抢夺衣物案》,浙江龙泉档案馆藏,档案号:M003-01-2490,第22页。
[4] 同上,第43页。

与以前的"公人"截然不同。"公人"调解纠纷的权威，来自其乡村内部的社会关系，并且通过不断的履行自己在社会关系中的角色而得以不断加强，从而成为乡村中的中心人物。如前文所述的叶明鳌、余芳海等人，都是乡村活动中的活跃分子。而保甲人员所拥有的权力，则大部分来自于政府授权，不是乡村中的内生权威，换而言之，他们之所以能够调解村民间的矛盾，主要是因为他们有着政府的任命，代表着政府的力量。很快，政治权威亦转换成了社会关系上的权威，保甲人员在乡村社会中的地位和作用，还要强过之前的公人。因为作为政策的基层执行者，他们的一举一动无不牵动着同保同甲乃至同乡民众的实在利益，这是无任何官方头衔的公人所远不能企及的。

这些保甲人员，也进入了以公人为核心的权力结构之中。这使得村民口中"公人"的范畴，大大地扩展了，保长等一干保甲人员都被归入"公人"之列。"缘告诉人等于土名东坑山中，种有梨一株，该梨本年甚丰熟，约计有三百余觔，可值六千余元。讵被告张招芝，胆敢本年古历七月初九日，将告诉人之梨盗窃一光，事后被告诉人得悉，曾邀公人季兆华、季水善同被告理论，被告亦直认不讳。"[1] 从季兆华的口供"我与保队附去看梨"[2]以及被告辩诉状中提及原告"串出只身无聊季兆华及保队附季水善作为伪证"[3]，这里的公人季水善，就是负责保内征兵事宜的保队附，他同"只身无聊"，没有任何官方身份的季兆华一起成为了原告口中的公人。同年，周承豪等诉吴邦本妨害行使权利案中，称被告"胆敢将民等本年五月间出拼与张沙湾客砍伐之杉木七十一株中，用强暴方法擅盖'吴元利'斧印十四株之多，横被拦阻，不能放运出售。民等据客报告，当投龙溪乡

---

[1] 《周继奶诉张招芝盗梨案》，第5页。
[2] 同上，第17页。
[3] 同上，第38页。

第三部分 民国时期"菇民化"之曲折

乡长刘汉及公证人余芳海登山踏看,看明被盖斧印之树确在岩下"[1]。此案之公证人余芳海,正是十四年前叶云菜求助的公人之一,时至1940年仍然以公人的身份活跃,足见原有的公人并未消失。乡长刘汉与其并列,想必亦被周承豪等人视同公人。这些保甲人员同以往之"白身"公人一起,构成了村民眼中新的公人集体。

这些由原先地方强人转变而来的保甲人员,在推行政府政策时,也同之前的"公人"一样,总是不可避免地受到其亲缘关系的影响。这一现象在兵役征集中尤为常见。1945年,项瑛(副乡长)诉项福瑧(保长)、项福洪(甲长)妨害兵役案时便称:"窃查被告项福瑧为本乡第六保保长,项福洪为第六保四甲甲长,有意串同包庇有关应征壮丁。自本年度征兵开始以来,查该保有应征壮丁项福均系被告项福瑧之堂弟,该被告等包庇不送,又第四甲应征壮丁项福勋(系项福洪胞弟)于三十二年征送县兵团后假作有病,保回俟病愈,随时仍送服役。在本年上峰严催时,即经征集到乡公所,由后被告项福洪向乡公所具护送切结,讵知该被告等有意包庇,放其逃亡无踪。"[2] 同年,叶吴晓状称:"查第一保壮丁项福林系廿九年度截号壮丁(系被告刘祖英之外甥)由被告刘祖英舞弊买来乡公所所在地第三保三十一年截号壮丁刘水邦冒名顶替,由县兵团拨县自卫队服务后逃回,经兵团派朱中队长来乡追缉,该被告刘祖英自知非法,偿出服装费法币两千元交中队长收去。"[3]

1948年杨理焕状告保长张大熹妨害兵役案亦是被告人出于血缘关

---

[1] 《周承豪等诉吴邦本等妨害自由案》,浙江龙泉档案馆藏,档案号:M003-01-1583,第6页。
[2] 《项瑛诉项福洪等妨害兵役案》,浙江龙泉档案馆藏,档案号:M003-01-5724,第5页。
[3] 《叶吴晓诉刘祖英等妨害兵役案》,浙江龙泉档案馆藏,档案号:M003-01-7174,第5页。

系包庇："查龙南乡第十保第十甲第二户□民张德政系民国十七年十二月廿五日出生，现年二十岁，载明于廿八年以前之户册，显为适龄壮丁。被告竟为壮丁避免兵役，变造为十九年十二月廿五日出生。"[1] "竟串嘱其姻亲现任龙南乡保（乡）长叶高新及族亲张运文藏匿廿八年及三十六年户册，物证不敢呈案，证人亦一致不到庭。"[2]

政权下乡冲击着基层权力结构，传统的公人在诉讼之中越来越多地被保甲人员取代。普通民众面对这一局面，并未选择完全对抗，而是选择用最熟悉的概念来诠释权力结构的变化。保甲人员带着政府赋予的权力，成了乡间公共服务的提供者。之前公人提供的公共服务，现在可以由保甲人员来提供，虽然二者权力来源有所不同，但发挥的作用却相差无几，何况，保甲人员身负政府任命，平日的文书往来和上下级的迎来送往让村民觉得他们同远方的县府产生了更为紧密的联系。而且，这些保甲人员也是同村人，民众同他们非常熟稔，许多保甲人员及其亲属在之前便是乡间公共活动的积极参与者，这使得他们的保甲人员身份和村民心目中之公人身份有了一定的重合。如此一来，将保甲人员归入他们熟悉、传统的基于权威构建的公人群体中也就理所当然了。

村民们也许对保甲制度以及随着而来新政策感到陌生和怀疑，但对于其执行者却十分熟悉。保甲人员是一些熟人被官方赋予了新头衔。如下田金氏和周氏，蛟垟叶氏和余氏等几个大家族的一些成员，之前便是各自村中的头面人物，在保甲制推行之后，他们摇身一变，成了为政府服务的保甲人员。随着1939年基层民意机关的建立，那些未获得保甲长、保队附等职的地方强人，以保民、乡民代表的面貌被囊括

---

[1]《杨理焕诉保长张大熹妨害兵役案》，浙江龙泉档案馆藏，档案号：M003-01-2018，第84页。
[2] 同上，第97页。

入基层政权组织中。基层组织"新政用新人"的理想目标,在基层的实践过程中,不可避免地要向现实妥协。

二、国民党基层组织的扩张

国民党组织在蛟垟村和龙南乡的发展,亦能体现菇民间浓厚的宗族和血缘联系。这种裙带关系的盛行,与国民党基层组织的薄弱不无关系。基层组织的薄弱,自国民党建党之初就是一个极为严重的问题。廖仲恺曾言:"吾党情形,目下除少数干部,并无党员。虽亦有力量,然不过一部奋斗之历史而已……改造中国之责既在吾党,倘非从下层多做功夫,而徒拘泥于上层之干部,必不足以负此伟大责任。"[1]虽经屡次改革,国民党尤其是农村国民党组织的涣散问题,仍然广泛存在,且有愈演愈烈之势。城市尚有挂名之党部,许多农村"里面一个党员都没有"。1939年,何汉文在报告中就指出"不但在农民中很难找到党员,并且在一切农民运动负责人员中,在地方自治工作人员中,在农村文化教育负责人员中,以及农村经济建设负责人员中,都不容易看到党的踪迹"。[2]

龙泉国民党组织的情况同样如此。1927年至1937年这十年间,龙泉国民党组织的主要负责人均由县北乡人把持,被称之为"北乡党"。他们怕大权旁落,对于发展党员一事甚为消极,且发展的成员大多是其同僚、乡亲或亲戚。"当时直属区党部之下,仅仅有五个区分部,一百多名党员。"[3]抗战开始之后,形势大变,县党部转而大

---

[1]《中央干部会议第十次会议记录》(1923年12月9日),罗家伦:《革命文献》第八辑,中央文物供应社,1955年,第77—88页。
[2] 何汉文:《如何树立党在农村中的基础》,《中央周刊》第1卷第30期,1939年3月。
[3] 征史、张乃权:《国民党龙泉县党部概况》,中国人民政治协商会议浙江省龙泉县委员会文史资料工作委员会编:《龙泉文史资料》第4辑,1986年,第108页。

开党门,开始大力发展党员。这一时期,入党泛滥,"只要有两个党员介绍,在入党申请书上捺上指模印即可,甚至可由别人代为填表、代捺指印,开展发展党员'竞赛'。至于入了党还不知自己是党员,从不开党会,又不交党费的,比比皆是。"[1] 菇民区的国民党党员,多是这一时期入党。

国民党组织在基层的扩张,多靠几个头面人物带动。譬如蛟垟村,首先便是与县党部负责人关系密切者入了党。这些农村中的第一批入党者,大多受过新式教育,文化水平较高,与县城政坛的联系远较他人密切。如时任县参议员,曾任乡长多年的叶肇基,于龙泉县直属党部入党,入党介绍人为季大培、叶承澍。季大培为安仁天平乡季山头人,处州师范毕业,为龙泉国民党组织筹办者,亦是最早的三个区党部委员之一,后为县党部书记长。叶承澍为叶肇基同族长辈,亦是县参议员。于省立十一中学旧制班毕业,省立党务干部训练班结业,并担任高级小学教员两年。于县党部入党,其入党介绍人当也是县党部的某负责人。时任龙南乡乡长的叶高新,浙江省立第十一中学毕业,于安仁区分部入党,其入党介绍人为张文辉、刘思温、杨登池。张文辉,道太乡蛤湖村人,于1931年被选为常务委员,后任监察委员。杨登池,道太乡和尚畈村人,资历稍浅,1933年被选为执行委员,但是其参加过省党部党务人员训练班,加入CC派特务组织,在县党部中直接领导"调查室",即中统特务组织,权力极大。[2] 可以看到,叶高新之介绍人同样是县党部的头头脑脑。

在这些基层的头面人物取得党籍之后,他们便开始在自己的亲友之中发展党员,这些党员的履历可见下表:

---

[1] 《国民党龙泉县党部概况》,《龙泉文史资料》第4辑,第109页。
[2] 同上,第104、105页。

第三部分 民国时期"菇民化"之曲折

表5-2 龙南乡部分党员履历[1]

姓名	学历	任职经历	介绍人及关系
叶承新	高小毕业	小学教员、保长	叶承澍（堂兄）
叶承渭	高小毕业	小学教员、龙南乡第十区党部第三区分部书记	叶承澍 叶肇基
叶步林	私塾二年		叶承澍（房侄）叶承涛（房侄）叶肇基（侄）
叶日增	私塾一年		叶承澍（族兄）叶肇基（族侄）叶承涛（族弟）
叶承新	高小毕业		叶承澍（堂兄）叶肇基（族侄）
叶士庆	私塾五年	甲长	叶高新（房兄）叶日耀（房侄）叶承奎（房侄）
叶承涛	高小毕业	小学教员，现任龙南乡党部书记兼第二保乡民代表	叶承澍（房兄）叶肇基（房侄）叶承恩（堂兄）
余恒照	私塾三年	乡民代表	叶承澍 叶肇基 叶寿春
余芳海	私塾三年	乡民代表	叶承澍 叶肇基 叶寿春
余恒略	私塾三年		叶承澍 叶肇基 叶寿春
余成养	私塾三年		叶承澍 叶肇基 叶寿春
余恒邦	私塾三年		叶承澍 叶肇基 叶寿春
张大忞	高小毕业	保队附，龙南乡合作社南坑分社经理，第十区分部书记	叶肇基 叶高新 叶承奎
周继元	启蒙国民小学		叶承恩（朋友）叶承澍（朋友）叶高新（同学）

从表中我们清楚地看到，龙南乡大部分党员经由蛟垟叶氏的几位先行入党的党员如叶承澍、叶肇基发展而来。这些后入党之党员，或是其亲属，或是其朋友，或是其同乡。如果对照蛟垟村所属的第十区、第二区分部党员名册，蛟垟叶氏之成员更是占据其中绝大部分，其裙带关系之盛可见一

---

[1] 资料来源：《龙南乡国民党名册》，浙江龙泉档案馆藏，档案号：M252-001-00043。

斑。其他区分部亦多是同姓，如第三区分部以蛟垟余氏为主，第六区分部为张氏之地盘。可以说，叶承澍等寥寥数人，构建起了整个龙南乡国民党组织的基础，因为国民党入党规定的宽松，又为自己的亲属大批入党打开了方便之门。但是，这并不代表着国民党高层的理念和规训，可以沿着省、县到区党部这一条管道顺畅地直通基层。相反，从县党部到区分部这一段的联系，因种种原因而地切断了。在涉及龙南乡的各个档案中，难觅国民党组织活动的蛛丝马迹。譬如，1943年县党部向龙溪乡各保施放救济粮，具体的操作不是通过各保的党组织进行，而是由保甲人员进行发放，[1]如此看来，恐怕"不开党会，不交党费"的描述并未夸大其辞。当然，基层党员偶尔也会参与到党务活动中，如叶高新"时适龙泉直属区党部准备改选，选举者暗斗甚烈，被告与刘大道同属第五区分部党员，早已被邀在城内，同寓下林张氏宗祠内卢永明家，参与改选之奔走"[2]。若县党部还会因为争夺执行委员之位的选举产生一点波澜的话，那么基层党组织，完全就是一潭死水。叶承澍、叶肇基等发展自己亲属入党的动机，恐怕只是想让自己的亲友能够多一份成本极低的"官方"身份罢了。

无论是保甲制的推行还是国民党组织的发展，都反映了国民政府试图将政权力量延伸至乡村基层的尝试。这些政策的目的在于用严密的科层组织取代基层盛行的以人情和血缘维系的治理传统。虽然在架构上这些由政权主导建立的组织表现出鲜明的科层化特征，县府也对这些任职者行使着一定的监督权，但一如在龙南乡实践过程中表现出来的那样，县以下的组织领导权力多为宗族的头面人物所把持，一旦掌权，他们势必将自己的亲朋好友大量引入组织之中。这就意味着，政府和政党所期望的科层组织很大程度上被这些基层领导者染上了浓

---

[1] 《刘汉等诉刘作全盗盖私章伪造文书案》，浙江龙泉档案馆藏：M003-001-11444，第22页。
[2] 《叶周清诉叶高新欺诈案》，浙江龙泉档案馆藏：M003-01-1702，第10页。

第三部分 民国时期"菇民化"之曲折

烈的人情和血缘关系色彩。政府所赋予这些组织的权威,很大程度上转变为这些基层领导者个人及其社会关系的权威。这一方面是由于乡村治理的民主化尝试。例如,在国民学校的建立和运行过程中,必离不开由保民组成的筹备和赞助委员会。从组成人员可以推断,这些委员会代表的正是地方宗族势力的意志,其与政府龃龉不断,且通常均能获胜,正反映了对于县教育科管辖权的破坏。另一方面,这些组织自身的缺陷也导致了这一现象的产生。国民党入党门槛极低,造成了先期入党的党员随意发展自己的亲友;县府财政和组织力量薄弱,各项事业须基层支持,造成了教育、治安等事业均寄生于相对强大且有许多祭产为资本的宗族组织。如此一来,名义上基层宗族接受了政府所规划的科层组织,实际上他们同政府形成的是互相利用的关系而非严格的上下级关系,且彼此之间龃龉不断。

不过,这些基层行政组织背后所沾染的浓烈血缘与宗族色彩,并非菇民宗族作为一个整体有意为之,或是有一个明确的目标,相反,各个宗族在民国呈现出的是一个极为松散的样态。

以蛟垟叶氏为例,光绪谱中之族规,规定了族长、婚娶等相关内容共四条:

凡族有长,家有主,即大宗小宗之遗意。当整躬率物,正己律人,父兄之教当先,子弟之率当谨……或恃长压小、欺老凌尊均为不孝,所当两戒也。

人伦首重婚姻,择配须告尊长,审其可否,不可听妇言矜独断而与下隶为姻也。

赌博害人,甚于水火,先正论之详矣,世多受此害者。由于父兄忽而不察,以致子弟惯而成性。且有赌棍入境,欲诱无端,托经商贸易以投宿,引以微利便宜,不知酖毒戈矛竟藏于此。凡有识者当思患预防,庶不蹈迷途。

居住毗连，不无雀角，务须平情忍性，不可以细微之事，辄行兴讼，至乖族谊，此为尊长所当劝化也。[1]

可见，晚清时期叶氏所定之族规，尝试将宗族组织严密化以增强族内的凝聚力。但到了民国时期，这些条款看来并未约束住族众的行为，且不论族内常出现关于祭田等产业的经济纠纷，颇违"辄行兴讼，至乖族谊"的训诫，连赌博之事亦不鲜见。按赌博在蛟垟颇为风行，"村有五显大帝庙，每年六月十八日其演剧五日，悬为常例，一般赌棍，有所谓'赶庙门'者，皆于此时以观剧为名，来庙聚赌。"自然，在蛟垟的叶氏也免不了受此风气影响。如叶学高与叶文高、叶炳林等赌博，输掉大洋九百元后，因惧母叶刘氏责骂而自缢身亡。此案中，叶刘氏及其舅叶朝金等叶氏族众，早知叶文高等人聚众在家赌博的劣迹，但未有任何劝阻之意，以致发生此等惨剧。可见族规关于预防赌博一条，已成一纸空文。

同样地，一些族众的婚姻，亦大乖族规，甚至逐渐成了一桩交易。1926年发生的《叶文豹诉吴谢客抢掳女子案》即是一个典型例子。在此案中，叶文豹之女云菜"许字于下田村民周盛亮为媳，业经纳采问名，早行压定，尚未迎娶过门。突于本古历十月初四早晨将曙时候，乃有顽民吴谢客、吴朝奶等撬门而入，将民闺女抢掳而去"[2]。但是，在叶云菜口中，此事与其父所述之情形全然相反："叶文龙、叶文选二人喜事好唆，藉图渔利，因与吴余氏家挟有夙怨，见氏许与吴氏子，遂思有以破坏之，故运动下田村富民周盛达以重礼让氏父母悔婚。氏父母利令智昏，不问周氏子贤肖与否，私将氏重许于周盛达之子仁礼为室，并暗中约定旧历本十一月初二日夜来娶妻。"[3]叶云菜乘其不备即逃至吴家避难。

---

[1] 《叶氏宗谱·族规数则》，光绪十二年。
[2] 《叶文豹诉吴谢客抢掳女子案》，第5页。
[3] 同上，第41页。

第三部分 民国时期"菇民化"之曲折

既然身为当事人的女儿出面反驳,叶文豹和挑唆其上诉的周盛达只得将罪名归于一流浪算命人身上,然后悻悻撤诉。此案表明,女儿在一些叶氏族众眼中只是一个可以随意出卖的资产,为其择偶全然不顾对象人品而只重其财,全无族规中"人伦首重"的严肃与谨慎。甚至一些族内成员如案中之叶文龙、叶文选两人,对于其亲属的婚姻大事亦无尊重之意,反而意图破坏。

对于叶氏而言,更为严重的是春秋祭祖的主祭之位之争。1926年,《叶明金诉叶高新等争夺主祭案》:

缘民族春秋二祭祖,向由族长主祭。去年秋季,因前年族长明金物故,挨次递推民为族长主祭。讵有卑辈叶高新等,硬欲以其父柳堂主祭,出而混争……按主祭之次序,法无明文规定,我国习惯无不以族长主祭,各处皆然,相沿已久。民族自前年明金物故,后递推尊卑次序,当然以民为族长,应以民主祭无疑。彼柳堂系属卑辈,何得擅越?主祭者之资格只以族长为确,他若有无功名则不论焉。民族清光绪十一年(1885)之前族长光典公,光绪末叶时族长光锦公,以及清末改元时光孟公等,均以无功名之族长而主祭。向例如此,何容混争。[1]

以叶明春所言,按尊卑次序,当以他为族长,而主祭之位由族长担任。但从诉状的第二条理由可以看到,叶高新与其父叶柳堂争主祭之位的理由是其有功名。叶高新之父为前清监生,曾担任蛟腾国民学校校长。叶高新从英川树人高小毕业,按族中标准看,亦是有功名之人。叶高新父子此次争夺主祭之位,其实是在其势力膨胀的背景下,为自己所在的支脉争夺话语权之举。

另一个菇民大族下田周氏也出现了和蛟垟叶氏同样的问题,发生了不少恶劣的族众内斗。例如族人周长词因"祖侄周发榜住屋与该坟地毗连,

[1] 《叶明春诉叶高新等争夺主祭案》,浙江龙泉档案馆藏,档案号:M003-01-3184,第1页。

心存险恶,背向周世上伪造买契,强占祖坟地基",以致与周发榜等在祠堂门口以柴棍互殴,周长词称"以侄孙殴叔祖,尊卑无□"[1]。可见民国时期,即使是宗族建设最好的几个菇民大族,内部也陷入了纷争与分裂之中。所以,这些将科层组织血缘化的行为,大概是当事人下意识地采取了自己最熟悉的方式来迎接政权的到来,而非宗族有组织的行动。

所以,尽管在表面上通过保甲制,基层政权组织已经实现了科层化,但在实际过程中,亲缘关系仍然有着极大的影响力,作为掌握基层资源最多的宗族,自然也会在基层政权组织中占据着重要的地位。

小 结

民国建立以来,政府的管理触角开始逐步渗透进乡间,曾经模糊的虚影逐渐成了盘踞在身边的庞然大物,政府权力的逐步深入改变了菇乡的权力结构。保甲制度的推行与国民党组织在基层的发展带来了一套整齐划一的乡村权力科层体系,菇民中从事调解纠纷的"公人"的权力来源发生了很大变化,村落的公共空间也从五显庙向保甲人员的住所、乡公所乃至学校转移。然而,民国政府没有彻底改变农村社会结构的能力,只能依赖与地方势力的合作执行其政策,菇民大族也通过这个机会进入政府基层组织,参与公共事业。晚清时期,周、叶等菇民大宗族虽然在文化拥有着相对优势的地位,但并没有足够的权力优势。随着政府对基层控制的深入,这些宗族与政府的联系也愈发紧密,也获得了县府所授予的官方头衔。随着基层政权成为菇民大族获取地方权势的有效途径,菇帮势力也日益衰落,成了一个可有可无的角色。

---

[1]《周长祠等诉周发榜等毁坏祖墓伤害亲属案》,浙江龙泉档案馆藏,档案号:M003-01-11341,第16页。

第三部分 民国时期"菇民化"之曲折

第六章 菇业危机下对"菇民"的发现

菇民"菇民"身份构建的停滞,除了政权下乡带来的影响外,也与民国时期传统菇业的衰落有着直接关联。民国时期三县传统菇业形势之所以由盛转衰,一方面是由于国内战乱频繁导致的市场动荡。据福建建瓯县菇业同业公会主席胡明荣电称:"年来国家多故,外患频仍,金融紧迫,货价平贱。兼之洋菇进入,国产滞销,以致一蹶不振。而且去年八月间庆元惨遭赤匪罗炳辉蹂躏,地方糜烂,十室九空。"[1]地方动荡不安严重影响了菇民正常的生产生活,亦极大限制了菇民外出做菇。另一方面,日本香菇的大量进入给传统菇业造成了巨大的冲击,采用现代化生产方式的日本菇业很快击垮了中国菇业。《农报》云:"今因日菰大批倾销,社会需要亦减,价格一落千丈。"[2]菇农对此无可奈何,只能无奈地攻击"海外洋人,袭取菇苗,科用科学加以研究,将腐草马粪及有毒药品,载植人造香菇,味减质毒"[3]。究其根本,乃是传统菇业的技术和生产组织形式已无法适应社会经济的发展,"菇民守旧之性,积习相沿,牢不可破,优胜劣汰,天演公例;遂致旧法种菇者,日形退化"[4]。同日本工业化的香菇生产相比,落后的砍花法过于依赖气候条件的弊端展露无遗,而菇行和高利贷经营者推高了运营成本,使得菇民更难获得利润。在这三者的作用下,菇业赖以生存的资金流亦随之枯竭,

---

[1]《组织香菇产销合作社案》,浙江龙泉档案馆藏,档案号:M03-003-00403,第40页。
[2]《日菰竞销中之我浙南蒜业》,《农报》第2卷第5期,1935年。
[3]《组织香菇产销合作社案》,第122页。
[4] 李师颐:《浙西菇农之种菇秘术》,《中国新农业》第2卷第2期,1942年。

菇民陷入困境。

在此形势下，政府和学者迫切想要找出菇业衰落之原因，拯救农村经济，于是在调查过程中挖掘出菇民这一群体；同时，菇民亦在同政权与其他外界势力的博弈中，为了维护自己的权益而开始强调自己的独立性质。两者相互作用，引发了一次自20世纪30年代以来菇民特质的涨潮。

第一节　传统菇民形象的创造

一、日本菇业发展概述

19世纪末期，日本香菇的崛起给中国的香菇种植者以很大的冲击，出口份额被挤占，国内也开始进口大量日本菇，导致香菇价格下跌，传统菇业面临巨大压力。

日本香菇种植历史悠久。明治维新以来，田中长岭等日本农学家更是借助近现代自然科学不断改进香菇栽培技术，最终完成了对中国传统菇业的赶超。

田中长岭是明治至大正时期著名的殖产家，于1849年出生于越后长冈的一户贫穷农家，青年时期曾梦想成为画师和医生，后转向农业研究，致力于植物写生和食用蘑菇栽培。田中长岭在菇业上的重大贡献是在其著作《香菇培养图解》中提出了香菇是由孢子繁殖这一重大认识，并且用显微镜等科技手段，还原出香菇孢子的结构及其生长的过程，为人工移植香菇孢子提供了基础。该书发表三年后，田中于爱知县进行了最早的人工接种试验，并于1898年在东京兴农园开始出售菌种，不过，此时的菌种尚是以完全成熟菇木的腐朽材粉碎而成，并非纯粹的香菇菌种，但相对于传统砍花法前进了一大步，日本的现代化种菇业自此兴起。

第三部分 民国时期"菇民化"之曲折

他的事迹在中国国内亦有耳闻,杨守敬《农学丛书》便引用日人之《蕈种栽培法》云:"田中长岭氏于菌蕈不因何种,皆用播种法使发生,于是诸菌亦如通常蔬菜,得自在发生于园囿。"可惜未能造成很大反响。

田中之后,日本农学家又发明了许多新式香菇栽培技术。一为"种木插入法",即在砍伐过的原木之间放入香菇,使孢子附着变得容易。另外,还有切下成熟的一片树木,将新原木填埋的"埋榾法"和将已经出菇的菇木磨成粉末,以水加入其中,制作出汁液,然后将原木浸泡其中的"榾汁法"。除此之外,乘兼素冶还提出了将孢子悬浮液整顿播种的"孢子液法",今牧栋吉提出了"孢子注射法",但是,传统的"铊目法"仍是香菇种植的主流。

到了昭和时期,"埋榾法"经过一次重要的改良,扩展到了全国并取代了"铊目法"。纯粹的培养种菌法也开始萌芽。1928年,森本彦三郎尝试接种锯屑培养菌。稍晚,河村柳太郎也开始进行锯屑种菌的培养。1942年,森喜作成功培育出了纯菌种,由此锯屑取代了菇木,种植香菇不再受到地域的限制,大大提高了日本香菇的栽培效率。

除了技术上的不断进步以外,日本政府对于本国的香菇培育事业也给予了很大支持,主要是以田中长岭等人为首,进行技术上的推广。另外,1877年劝业博览会,推出了日本各地之香菇,1879年,岛根县提出《椎茸作方提要》,公开香菇培育技术,1908年山林局发布《食用菌调查书》,等等。

日本政府支持香菇发展,最重要的考量便是外汇。自德川时期起,由于向清朝进口大量的生丝绢类,造成白银外流。为了减少贸易逆差,幕府决定加强农产品的出口,于1698年将香菇作为对清指定出口的商品。到了1862年,香菇已经占到日本出口额的1.85%。明治维新之后,作为当时的后发国家,香菇作为日本为数不多可以创造外汇的商品之一,同样承担了为日本经济发展获取资金的重任,为此,政府自然要大力加强香菇培育的发展。

日本菇业通过技术进步和政府扶持后来居上,中国传统菇业的衰微便显得格外刺眼。在绝大部分关于中国菇业发展的论述、调查和报道中,总是离不开和日菇竞争的影子,郑柄《香菇培养法》中提到"仿造日货较比抵制日货更外要紧"[1],《闽北种制香菰事业之调查研究》言香菇"关系本省国民经济甚大""是以日本产之香菰遂遍销于内地,每年输入值约二百余万元。近年来虽受我国内香菰产量渐增之影响,而输入值犹达百二十余万元。故为抵制外货增加农民生产计,对于种制香菰事业之提倡改良,实未容忽视也……日本改良新法种菰后,产量丰富,价值低廉,遍销于我国内地——如上海,汉口,平,津,东北四省及香港等市场,至于干菰之品质,因其应用新法干制,色泽较佳,而香味则远逊于国产,我国种菰地区,苟承各地政府加以奖励,派员实地指导改良种法,则产量必可激增,纵不言抵制外货,而外货自无侵入之余地矣"。[2]

在此局面下,许多知识分子开始了对于本土菇业的调查工作,在调查过程中,菇民这一群体就被他们逐渐划分出来。

二、发现"菇民"

刚开始时,菇民这个群体尚与普通民众无区别,如1922年驻长崎领事馆论及中日两国菇业时称:"近复奖励种植,讲求改良不遗余力,我国徒墨成法,不但收获不增,品质亦相形见绌,致有时以年产之丰欠,物价之起落,受其从中垄断排挤不销,殊可慨也。"[3]并未特意

---

[1] 郑柄:《香菇培养法》,《通问报:耶稣教家庭新闻》第857期,1919年。
[2] 《闽北种制香菰事业之调查研究》,《英大周刊》第8期,第6页。
[3] 长崎领事馆:《长崎商务与海产之趋势及奖励香菇情形》,《农商公报》第8卷第10期,1922年,第27页。

第三部分　民国时期"菇民化"之曲折

指出国内有一个种菇专门群体,仅使用"我国"这个较为含糊的代称。1923年《婺源香菇业之调查》则指出了种菇者来自特定的地域:"业此者,悉系浙之处州人,婺人不得其法。"[1]1929年的《福建香菇与红菇产销状况》进一步指明:"且浙省制菇专家,仅有龙泉、庆元、景宁三县之人民。"[2]

进入20世纪30年代,传统菇业的危机更加深重,龙庆景等地方政府为了救济菇民,挽救农村经济,开始在各乡进行调查。政府和学者对菇业于农村经济的影响也有了更为清晰的认知,对以种菇维生的这一部分群体也有了更加明确的定义。1931年,庆元县县长黄士杰在省建设会议上第一次提出"菇民"这个词,以阐释菇业对于庆元县农民的巨大影响:"查种菇事业,为旧处属龙庆景三县农民大宗之收入,我县农民赖以生存者,不下三万余人。岁入总计约在一百万元以上,其营业之大,概可想见!……虽营业表面上,渐臻发展,而营业盈余,益复减少,此菇民生计所以日濒穷促。"[3]1934年,蔡起周在《龙泉庆元景宁三县之香菇业》中尚称"香菇是农民副产之一",但亦采用"菇民"这一概念描述这些种菇者,同时也称:"因为农村中有一部农民长期衣食他地,同时香菇收入又有巨款带回,因此,整个农村经济即受香菇业之盛衰而大有影响了。香菇丰收之年,便是农村经济充裕之年;反之,也便是农村经济恐慌之年。"行文之间已有将菇民从一般农民中划出的意思。

同时,这些学者明确批评传统菇业衰落"其最大原因多为方法守旧;尤其是我国农民,保守性特重,既不愿意接受别人的良法,自己又不求

---

[1]《婺源香菇业之调查》,《新闻报》1923年4月8日,第四版。
[2]《福建香菇与红菇产销状况》,《工商半月刊》第1卷第13期,1929年,第15页。
[3]《营造菇林以利民生案》,《浙江省建设月刊》第4卷第11期,1931年,第81页。

改进"[1]。《闽北种制香菇事业之调查研究》同样提到："国人从事经营种菇业者,率皆墨守旧法,不知改良,致产量未见增加,不敷全国之需求。"[2]相较之下,日本菇业则是"大多由资本家经营,利用科学方法种植,能于小面积场地中作大量之生产……其种植、摘菇、干制、包装、运输及收藏等事,莫不精益求精,以期品色俱佳也"[3]。如果这种情况持续下去,不免导致"日本产之香菇遂遍销于内地",甚至中国菇业"难以图存,且有渐被淘汰之虞!"[4]

至20世纪40年代末,"菇民"一词已"固为一般人所熟谂"。1948年,庆元县县长陈国钧在其著作《菇民研究》中第一次尝试对菇民做出定义:"我们所谓的'菇民'也者,只是普通民众中以做香菇为业者的一部分人民而言……总之,一切在其所属的县境内与其他非菇民并无二致之处。其所不同者,不过在每年旧历十月尾至三月前这一段时间内以职业所异,必须远离赴闽、赣、粤、皖、桂、湘、鄂、川、黔各省山地去经营菇业而已。以上各省山地产菇均盛,惟其做菇者纯系浙省龙、景、庆三县菇民,外人不得其法,莫能为之。"[5]无独有偶,他也在书中言"菇民做菇,惟知永远秘守旧法,不知质量如何求得改进"[6]。如此一来,经过二十多年的对于菇业的调查研究,守旧的标签已经牢牢钉在了菇民的身上。

在传统菇业凋敝下开始的调查研究中,种菇者的群体划分不断地细化,从"国人"到"浙之处州人",再到"龙庆景三县农民",最后,"菇民"这个概念终于从他们逐渐缩小的对象中出现了。虽然他

---

[1]《龙泉庆元景宁三县之香菇业》,《浙江省建设月刊》第8卷第6期。
[2]《闽北种制香菇事业之调查研究》,《英大周刊》第8期,第6页。
[3] 同上,第7页。
[4]《改良段木种菇术·序》。
[5]《菇民研究》,第1页。
[6] 同上,第4页。

第三部分 民国时期"菇民化"之曲折

们一般称菇民只是做菇的农民,但在一开始就下意识地把他们同不懂做菇秘法的"外人"区分开来。这种划分,一开始只是经济意义上的区分,即种菇者与不种菇者的区别,但随着调查的深入,菇民在文化上的异质性亦被他们发掘出来。如刘伯温的"讨皇封"故事,为胡先骕和蔡起周所记录,其后,陈国钧更是发现了菇民的三位主要菇神以及菇山隐语"山寮白",虽然他声称"一切在其所属县境内与其他非菇民并无二致之处",但他的记述已经明白地揭示了菇民与非菇民的不同之处。就这样,菇民这个群体被分离出来,也同他们所代表的"现代"治理体系分离出来。所以,他们在叙述菇民时,总是下意识地将其与自己代表的"现代"对立起来。正如蔡起周等所言:"我国农民,保守性特重,既不愿意接受别人的良法,自己又不求改进。"虽然不可否认的是,传统菇业生产技术确实落后,但菇民对于砍花法并非毫无改进,种菇技术的停滞,当归因于菇民受教育程度的低下,使其无法认识到香菇栽培的自然规律。

通过这种"守旧"的叙事,政府和学者获得了挽救菇民的合法性。政府以及学者对于菇民和菇业的知识愈加了解,那么菇民身上的这种守旧的落后特点就愈加为他们所凸显出来,也就更能代表着他们对于治理与拯救菇民的权力。挽救菇业的举措,主要分为两种,一是技术上的改良,其中以李师颐的试验为典型代表。李师颐,1905年出生于龙泉城关镇。少时在中药店做学徒,后入旧制中学读书。与潘志农往来相善,共同从事日本香菇新法的引进与改良。并于1931年成立了中国第一个香菇专业改良场,生产香菇孢子向菇农出售,由此获得农林部的扶持,被授予"农林部专门委员"的称号。在其1939年出版的著作《改良段木种菇术》中,详细介绍了其所采用的新法。其书自序云:"颐家累世种菇,觉旧有种法,虽传至数百年,以菇民过于守旧,缺点甚多。"

正是意识到了传统做菇法的落后,他才"递年试验,逐渐改良,凡种、制、养、采、焙、贮藏等等,莫不一扫旧术之缺点,而以科学的新方法代之。熟极生巧,更悟及以菌丝引其发酵,谁知竟获意外之结果,非但出菇之快,有短至六阅月者,其产期一次种下有十年之收获,仍与旧法同;而品质较旧法尤佳。"可以看到,在《自序》中,李师颐在介绍自己的种菇新技术的优势时,是通过批判"菇民过于守旧""一扫旧术之缺点"实现的,但就实际效果而言,出菇并不理想,"至1947年前,该法已不存在"。[1] 与其说是菇民的守旧导致技术落后,不如说是当时在国内技术水平不足,科研经费奇缺局面下勉强研发出的种菇新法,无法得到菇民的信任之故。

第二种举措,则是政府出面,改进菇民的生产组织。地方官员尝试通过组建当时流行的合作社、农民银行等,解决阻碍菇业发展的资金困难问题。不过,由于在组建过程中不信任"守旧"的菇民,依靠着官僚、党务系统和县城中的士绅组建的这些新式组织,政府尽管付出了种种努力,但均以失败告终。

第二节 从菇业合作社到香菇职业工会

一、20世纪30年代的政府救济尝试

在试验新技术的同时,政府也在尝试组织新的生产团体,试图从组织上革新菇业生产,减少生产成本。1931年,庆元县县长黄士杰在省建设会议上提出"庆元县菇林缺乏,菇民生计日濒窘促"[2],无论是地方政府还是省民政厅对此均有一定了解:"菇民以畜利借本种菇,一经

---

[1]《中国香菇栽培史》,第155页。
[2]《营造菇林以利民生案》,《浙江省建设月刊》第4卷第11期,第81页。

第三部分 民国时期"菇民化"之曲折

收成不好,或售价不善,即无续种能力。"传统香菇产业的衰落,更是触目惊心:"近两年来,据调查所及,冬菇营业,全额不到三十万金,现年窘状,更甚于前,甚至间有菇民无力续种,求乞回乡者,比比皆是。"对于此种困境,菇民们迫切需要其他的资金来源,在农村凋敝的情况下,向政府寻求帮助成了唯一的解决之道。为此,菇民于1935年5月1日向浙江省政府请求"俯念下情,迅赐设法赈恤"[1]。

浙江省政府接到电报之后,便向第二特区行政督察专员办事处下达训令,令由黄埔一期毕业,曾任浙江省第四保安分处处长的该处专员陈式正进行调查并拟就救济办法。报告中,除了体恤人民以外,防止匪患亦是陈式正考量的重要因素。报告中提到:"种菇不成,生计即绝,铤而走险,流入匪伍,在所难免。此次职在庆元剿匪,已见有此景象,即散匪在辖区内,东窜西扰,大半而不出菇民所在区域。匪徒或亦菇民,近今窘状,使于诱胁,购作内奸,令为同伙,有此企图,亦未可知。"[2]接着,陈式正针对菇民"高利借本种菇"之弊病,提出了救济的初步纲要,即由各县成立香菇产销合作分社,在此基础上成立产销总社,并要将此方案广为张贴,以绝菇民铤而走险之心。

时值全国兴办农村合作社的热潮,浙江作为最早开始乡村合作运动的省份之一,早在1928年就出台了《浙江省农村信用合作社暂行条例》,详细规定了信用社组建条件、社员资格以及手续等问题。到了1935年,浙江省合作社已经达到1794个,覆盖社员60442人,[3]对于恢复农村经济起到了一定的作用。时人称浙江省"虽不及江苏之盛,亦不失居全国

---

[1]《组织香菇产销合作社案》,第40页。
[2] 同上,第26页。
[3] 赵泉民、忻平:《乡村社会整合中的"异趣"——以20世纪30年代江浙两省乡村合作运动为中心》,《华东师范大学学报(哲学社会科学版)》2003年第1期。

之重要地位"[1]。在此背景之下，陈式正以合作社作为解决菇民问题的灵丹妙药，亦是自然。此外，地方安靖是处于内战中的国民政府极力追求的，这和国民党中央关于合作社的理念不谋而合。《农村合作运动的两大使命》中就强调："非解放农民，不能根绝匪源。"必须在"剿匪"区农村推行和平的合作组织，以"繁荣农村""解放农民"[2]。恰好于1935年3月，红军挺进师进军浙江，开辟浙西南游击根据地，龙泉正是中心区域之一。《东南日报》称："浙江素称平安之区，自粟、刘窜浙，赤化已波及全浙，以目下形势而论，浙江共匪不亚于四川、江西之匪，若当局未能迅速肃清，前途实堪可虑。"若是处于三县边界且贯通闽赣的数万菇民在生计无着的情况下参加了红军，不啻为对国民政府"剿匪"计划的重大打击。在此严峻形势下，陈式正的方案很快在省民政厅获得通过。

陈式正的提案获得省民政厅认可之后，为进一步明了菇业现状，龙泉县长骆企青于5月12日拟定菇业调查表一份，并令各乡乡长限于文到一个月内查填具报。该表包括生产状况、经济情况和运销情形三大块，生产状况包括了种植方法、产量、增减原因等，经济状况则侧重于菇民资本之来源，运销情形主要调查菇价，销路状况，运输方法、路径和运输组织等方面，基本上涵盖了政府牵头建立香菇产销合作社想要了解的全部情况。从各乡陆续上交的表格来看，龙泉县菇业情况的确令人担忧，在以上三个方面均出现了严重的问题。首先，是产量出现不同程度的下降。如大舍乡的产量较去年少了一半，库垟乡和瑞南乡更是不足去年十分之三，下降较少的平山乡也较去年减少六分之

---

[1] 实业部国际贸易局编纂：《中国实业志·浙江省》第二编，南京：实业部国际贸易局，1933年，第56页。
[2] 文群：《农村合作运动的两大使命》，《当代党国名人讲演集·农业篇》，上海：军事新闻社编印，1935年。

第三部分 民国时期"菇民化"之曲折

一。究其原因,一是"银根紧迫,无本经营兼菇价不振,被日本菇贱售。例如一小厂用工人五人,只解的菇价洋二百元,五人工力食用需三百元,以致亏本。更加以各方苛捐茶捐教育捐地方杂捐种种不等,故此减少"[1];二是天气不佳,"热度太多,霜雪稀少"[2];三是产菇区地方不靖,菇农不能登山收获。资本方面,菇民饱受高利贷盘剥,由于缺乏正规的金融机构向其提供贷款资本,只能接受当地富户或菇行"月二分"的高利贷,因此菇民均要求成立金融机关以防止盘剥。销路方面,各乡菇民均提及"洋菇""日本菇"的竞争使得香菇价格不振。对政府而言,禁止日菇进口以及平定战乱都不可能迅速实现,唯有从资金方面救济菇民尚有一定操作余地。为此,建立一个承接菇民贷款的组织,即成立菇民放款处成了唯一的选择。

为此,陈式正先后拟定了浙江省丽水区菇民放款处章程、放款规则、董事会章程和监事会章程。[3]该处之宗旨乃是救济龙庆景三县菇民,调剂菇业金融,促进菇业生产。资本预定为九万元,设主任一人,办事员三人,并分总务、业务二股掌理事务。为了便利菇民贷款,设立三县代办所,代办所设总干事一人,干事二人,职员由县政府职员中选出,但不给俸,若有必要开支需呈请区行政督察专员公署转呈省政府核准由利息项下酌给津贴。该放款处除了贷款予菇民以外,还经理储蓄存款。该处之预算决算,除了经过董事会审查外,还需经过丽水区行政督察员公署查核并转呈省政府备案。

董事会由三县县长及丽水区行政督察专员组成,督察专员为董事长,常务董事则由龙泉县长担任,任期以原职务任期为限。董事会的职责主要为修订各项章则,审核预算、决算、营业计划和账目,任免

---

[1] 《组织香菇产销合作社案》,第44页。
[2] 同上,第45页。
[3] 同上,第54—61页。

办事人员，决定千元以上的贷款决定等。董事会需过半数董事出席方能召开，六个月一次，代办所主任及监察人均得列席会议陈述意见单不得加入决议。若确有要事不及召开董事会，则先由董事长和常务董事先行共同负责决定。

监事会由三县国民党党部派员一人组成，监事长由监事委员互推产生，监事会一年召开一次，负责检查董事会执行业务情形和审核营业状况和库存款项，对审核事项有异议时应加具意见送由董事会纠正。

实际的贷款业务由各县代办所负责，贷款期限为一年，如欲申请展期，以一次为限，贷款利率最高不得超过月息一分。具体的贷款类型分为三类，一是定期或分期归还信用放款，二是保证放款，三是抵押放款。三类贷款均面向菇民合作组织放贷。除此以外，面向菇民个人的特种信用放贷、信用放款，若贷款人信用不足，需觅当地殷户商店之保证或选择其他贷款方式，保证放款需钱庄或者殷实商店为之保证，抵押放款如果以不动产抵押，则应以三县境内产业为限，且贷款数额不得超过不动产价值十分之六，贷款人还需提供契据户折及三年粮串等证明。

考1928年6月浙江省政府颁布的《浙江省农民银行条例》关于农民银行的几项要点：第六条"农民银行放款专供农业生产上之用……放款以贷与农民所组织之农村信用合作社为限"，第八条"农民银行放款以低利取息为原则"以及第九条"农民银行得经理定期活期及储蓄各种存款"，[1] 菇民放款处之章程，正是按照农民银行条例编写的。从章程不难看出，该组织实际为一个与菇业相关的农民银行，其建立之目的，除了改善菇民金融状况以外，还有促进建立菇民合作社的考量。然而，

---

[1] 社会调查所：《浙江省农民银行条例》，《第二次中国劳动年鉴下册》，1932年，第260页。

菇民放款处的组织完全排除了菇民的参与，不仅办事人员是从政府机关中选出，董事会、监事会也是各县的长官和党部成员。

以上规则经省政府相关部门讨论后大部分获得通过，然就放款处资本九万元募集一条，浙江省地方银行提出应先由地方自行募集完成，"盖银行借款事实上只可视为暂时周转之用，似不能作为资本"[1]，无奈之下，龙泉县长骆企青只得于12月7日召集"地方各法团代表及士绅"开会讨论筹款问题。

所谓"地方各法团代表及士绅"，包括时任龙泉商会理事长、前东升镇镇长的李慎之，药业工会代表徐晋卿，盐业工会代表翁拱辰，米业工会代表张陈焕等商界人士，聂象贤、刘子才、季观周等律师，以及县教育科督学徐矫臣、吴太一等教育界人士，几乎囊括了龙泉县内所有的头面人物。但是，这些士绅和菇民及菇业并无很大的利害关系。作为龙泉特产的香菇，其产销两端均不在龙泉，而多在江西福建等地，绝大部分香菇由菇行发往上海、广州、香港等地售卖。《福建香菇与红菇产销状况》就提到，闽省香菇"多运销香港、上海转往各地，若在本省销用，不过十分之一"[2]，在产地尚且如此，龙泉的香菇消费也就可想而知了。这样看来，龙泉各个商行对于菇业之衰落并未有切身的感受，显然不会为了和自己关系并不密切的菇民们出这九万元，何况当时龙泉地方经济困难，各个行业自顾不暇。骆企青在呈中写道，虽然参会代表"佥谓冬菇为本县大宗出产，收入颇巨"，但是"频年地方多故，天灾人祸相继丛生，农村陷于破产，经济异常衰落，市面因此萧条"，他自己也承认"地方经济困难情形，确系存在，惟时灾变之后，元气未复……"除此以外，从上述放款处规则来看，原则上排除了商界人士进入放款处管理层，即

---

[1]《组织香菇产销合作社案》，第51页。
[2]《福建香菇与红菇产销状况》，《工商半月刊》第1卷第13期，第16页。

使出了这一笔巨款，这些地方精英们也不大可能从放款处中获得什么好处，自然兴趣寥寥。面对菇民的困难，也只能"劝令尽量放款，俾便逐渐复业"。

菇民放贷处设立的曲折，反映了浙江省政府和丽水地区督察专员施政浓厚的"训政"色彩。一方面出于对地方精英尤其是农村富户地主的极度不信任，将其定义为盘剥菇农的恶人，另一方面也是对于普通菇民自身觉悟的担忧。这些忧虑绝非空穴来风，在省内合作社的实践过程中，就曾出现不少地主操弄合作社领导权，将原属于农民的利益转移到自己身上，"乡之豪强，常假名组织合作社，乃向农民银行借得低利之借款，用之转借于乡民，取利之高，条件之酷，实罕其匹。此种合作社非特无益于农民，反造成剥削农民之新式工具。"[1]正因为如此，政府试图通过行政的力量，自上而下地建立放款处和菇民合作社，将一般菇民与菇行和地主剥离，直接纳入政府的掌控之中。放款处的人事任命，正体现了这一点。然而，资金的缺乏使得龙泉县政府很难将上级的指示变成现实，只能求助于看起来"进步"一些的城居士绅们。诚然，这些城居精英无论是受教育程度还是对于政府的认可，皆强于农村的地方头面人物们，但是要他们出资给与自身利益无关，且无法掌握的菇民放款处，这种吃力不讨好的事显然无法获得他们的支持。

尽管资本无着，但是龙泉县并未放弃对于菇民的救济尝试，县长骆企青为"设法借贷以资救济"于次年（1936）初发文令各乡乡长调查本乡菇民状况并填写菇民调查表一份。该调查表包括姓名、年龄、籍贯、种菇的地点、菇民的身份和家中资产六项。各乡将此表呈报上来之后，菇业放款处便再无下文。殆至1937年，以福建建阳县菇业同业工会主

---

[1] 杜严双：《浙江之农村金融》，《申报月刊》第3卷第9期，1934年，第53页。

第三部分 民国时期"菇民化"之曲折

席毛存楷为首,福建、江西多地菇业同业工会主席以及龙泉县库垟乡、瑞南乡等菇乡乡长联名向国民政府主席林森上书,以"本年菇期结束,总额统计,提较二十三年尤为锐减,仅有十分之五而已……大量菇工既无田地以助耕种,又无余存以即岁支"[1]等为由,请求省政府及龙庆景三县政府调查菇工数量并立即拨款赈济。省政府得到行政院函后,再次饬令三县政府对菇民进行调查工作并拟定救济方案。

1938年,浙江处州区合作事业促进会呈称:"本会第四次代表大会丽水县代表刘照黎提议组织龙庆景各县菇业生产合作社以期发展特产。"刘照黎称:"组织菇业生产合作社一方面固为谋金融之融通,另一方面则在同一组织团体之下使经营菇业人民更进研究种菇法之改良以谋畅路之扩充。"并提供了四点办法:在组织方法上,由各县政府派员负责合作事业,劝导菇民成立合作组织,如在必要时须政府强制执行。菇业生产合作社为无限责任之组织,菇民应一律加入当地合作社,如有三个合作社以上须组织联合社。在资金来源上,各县政府依照需要呈请建设厅设法借贷或者由县政府设立农业金融机关向外借贷并以此为监理菇业生产合作社或联合社之中心机关。在贷款标准上,以合作社人数资金以及经营范围为比例决定贷放数额。借款担保上,以社员所有财产提供担保。但是该年十月份,景宁县县长韩雁门仍向省政府请求省合作金库紧急放款以救济菇民:"景邑地处边区,素称贫瘠,每年生产不足自给,除竹木炭外,全恃特殊工业之菇业工人制菇于外,藉资维持……上年受战争影响,竹木炭业运销停滞,经济枯燥,农村破产,无法维持,一般做菇工人因资本无从筹措,以致来年束手无策。"[2]可见,无论是菇民放贷处或者是菇民产销合作社的组

---

[1] 《组织香菇产销合作社案》,第122页。
[2] 同上,第9页。

— 169 —

建都只停留于案牍之上。此后，虽然省建设厅准予省合作金库发放贷款，浙江省第九区行政公署令龙泉县政府妥议贷款办法，但是和前两次尝试一样，这次救济似乎也"胎死腹中"，次年龙泉县政府论及菇民现状呈称，菇民借贷仍然是"收年利二分，并以复利计之重利"[1]，菇民困境，未得丝毫纾缓。

在组织方面无法取得成果的情况下，龙泉县政府只得另辟蹊径，以"餍足外人之饕餮，充实我国之经济"为由，提出将一万菇民组织起来集体前往西南种菇。之所以提出这个方案，一是因为西南各省环境适宜，"查四川云南，菇树多良，种菇最宜"；二是之前菇民曾经尝试过前往这几个省份，如"龙南乡蛟垟叶楚材之祖，平山乡梅村周雏宗之祖，皆不辞跋涉，深入其间，卒获捆载而归"。虽然"道远不便"，但因抗战之故，菇民传统的外出种菇目的地均沦于战火，为"挽救旧业衰败，又得以发展新区富源"，不如尝试将部分菇民迁往西南作为试点。那么，如何招引菇民前往异乡定居呢？龙泉县政府给出的方案是国家"或提库款，或招服金，投以巨资，压其利率，择殷富为担保，移三邑之菇民，免其车资，有愿迁地即家，乐不思归者，特加以奖励，特派专员，随时监督稽查，保持其劳苦俭约之习惯，不使放荡奢逸，对可种菇之树，由政府平价而标买之，毋使地主居奇，并予菇民以种种保护，订立专章，规定红利，若干成归公，若干成分给办事人员，余统为菇民所得，以偿其勤劳之代价"[2]。这些免除路费，降低种菇成本的措施，对于处于困境中的菇民确有一定的吸引力，但是，省建设厅以"现值抗日时期，移送大批菇民出境系事实不许"[3]为由否决了这项提案。显然，战时的浙江省政府并无余力也无意愿将资源

---

[1]《组织香菇产销合作社案》，第15页。
[2] 同上，第16页。
[3] 同上，第14页。

第三部分 民国时期"菇民化"之曲折

投入如此规模的迁移行动中来。

就这样,菇民在挣扎了三年之后,于1941年7月终于遭遇灭顶之灾。是时龙泉大旱,大部乡民从事种菇的龙溪乡于七、八月间饿死152人,待新谷登场,因饿体羼而骤然吃死者又有80余人,[1]菇民灾难达到顶点。

二、"工""农"之争

至20世纪40年代末,"不幸抗战期间外销绝迹,菇农破产过半,目前菇厂仅赖旧榆生产"[2],菇民元气未复,行业资金周转甚为艰涩,虽日菇销售暂时未能恢复,但三县菇业仍无法抑制颓势,产量仅及过去十分之三。当时庆元县县长陈国钧提出:"目前我国对于茶叶渔业以及丝绸、油、棉各业均有大量贷款,以资救济,而独对菇业一向忽视,故我们亟应向当局严重呼吁,要求大量分配菇贷,一面加强菇民组织。"[3]陈国钧在庆元当地也确实创建了类似于20世纪30年代菇业合作社的组织,按他的说法,进展较为顺利。

此时的菇民则通过将自己的身份转变为"工人"来摆脱上级农会的掣肘。1948年,叶承标、周仁余等为首的十五位菇民倡议组织香菇职业工会,并于4月18日在龙南乡中心学校召开筹备会议,推举这十五位倡导者为筹备委员,以叶承标为筹备主任,在呈交给龙泉县政府的筹备委员名册中,我们可以一窥这些筹备委员的大致情况:

---

[1] 龙泉县志编纂委员会编:《龙泉县志》,上海:汉语大词典出版社,1998年,第21页。
[2]《福建香菇业生机日蹙》,《中华国货产销协会每周汇报》第5卷第21期,1948年,第3页。
[3]《菇民研究》,第13页。

表 6-1　龙泉香菇职业工会筹备委员履历表[1]

姓名	年龄	住址（乡）	职业	履历
叶承标	30	龙南	工	小学毕业
叶肇麟	29	龙南	工	中学毕业
叶嘉星	26	天平	工	小学毕业，小学校长一年
周仁余	23	金田	工	中学毕业，小学教师一年
周盛郁	34	金田	工	保长二年
刘全树	42	龙溪	工	甲长二年
周林根	43	金田	工	甲长二年
周林树	45	金田	工	甲长三年
叶嘉福	33	天平	工	小学毕业
叶继芬	32	天平	工	小学肄业
叶俊夫	20	天平	工	中学肄业
刘立中	24	福泽	工	中学毕业
叶金生	36	安仁	工	甲长三年
叶火生	37	天平	工	甲长一年
张缉	23	天平	工	中学毕业

这十五位菇民，从年龄上看都较为年轻，作为发起者核心的叶承标、周仁余等人更是如此，且半数以上都曾经进入学校学习。就龙泉东南山区的受教育程度而言，筹备委员会中受教育人员的占比显然远超平均水平。职务上，半数发起者都担任过甲长和保长。如果是从之后该工会选举而来之职员履历来看，所有的董事会、监事会成员都至少是小学毕业，且其中一人做过县参议员，可见这些菇民工会的发起者和领导者，多属于菇民之中较为富裕和有势力的成员。从其呈递的声请书中可以看到政府及学界对菇民的影响：

---

[1] 资料来源：《龙泉香菇职业工会》，第4页。

第三部分 民国时期"菇民化"之曲折

民等居住龙南、龙溪、金田、天平等乡,向以种香菇为业。香菇同业工人约有千余,每年出外种菇谋生,同业工人常感缺乏研究组织,于是推民等发起组织香菇职业工会,俾使联络研究,以求进步,而资扩充生产事业。[1]

菇民以"联络研究以求进步"为目的组织工会,与一般工会及之前香菇放款处组建的目的完全不同,当是受了政府与学界对于菇民"守旧"叙事的影响。这意味着,菇民对于他者对其的定义有着相当的了解,为摆脱这种"守旧"形象,菇民才组建该工会以在香菇产业中争取主导地位。"菇业工人"这一从未出现过的名词,亦是受了20世纪30年代政府对于菇民区调查工作的影响。更为重要的是,菇民将龙南、龙溪等乡之种菇者划为"同业工人",其会员亦皆来自这个传统的菇民区,[2]表现出了明确的边界划分,显然继承了之前"菇帮"的身份认同。在其后与县城人李师颐等人发起之"菇农协会"的争端中,这一群体的边界意识得到了更为明显的体现。

就在菇民组建香菇职业工会之后不久,5月18日,"本县菇民代表"李师颐等人申请建立"菇农协会",称"当地殷富贷借高利,利率之高闻所未闻……遂者今年菇产歉收,菇农收入不敷"[3],菇民工会及菇民协会成立的主要目的是为了争取贷款。1947年5月"浙江省参议会第十六次会议议决通过建议院部暨四联总处加入香菇贷一项",经过中国农民银行核定,需要"菇农组织合法团体依照规定手续申请贷放",为此,李师颐等请求"县政府准予组建菇农协会并通令各乡镇公所协助办理菇农调查登记使得成立合法团体"[4],以获得贷款,促进香菇生产发展。

---

[1]《龙泉香菇职业工会》,第1页。
[2] 同上,第14—21页。
[3] 同上,第23—25页。
[4] 同上,第25页。

另外，还有季云从等于 6 月 4 日以申请贷款为由申请成立菇业协导会。那么，"菇农协会"和"菇业协导会"，无论是申请的时间还是成立的目的都如此相近，二者有无联系呢？这就要从"菇民代表"李师颐本人的社会关系中去探寻。

李师颐可称作科学种菇的先驱。其功绩在上文已有所提及。除了种菇技术方面成绩显著以外，李师颐还积极参与到龙泉县当地的政治活动中。因李师颐的好友刘子鹏为青年党领导人，李师颐为协助其选举国大代表，遂参与到龙泉县青年党的建设之中，并任青年党龙泉县临时县部执行委员。他和同是青年党成员的季云从、郭震、叶子勋等[1]应当有所联系，季云从等要建立菇业协导会，若无县内菇业的权威并且是其老上级李师颐的建议和支持，想必不大可能。如此看来，菇农协会和菇业协导会当是由同一个群体倡议组织的。

然而，根据《非常时期人民团体组织法》"在同一区域内，同性质同级者以一个为限"，龙泉县政府认为，香菇职业工会和菇农协会二者性质"似属相同"，无法决定应当保留哪个团体，因此向浙江省社会处寻求帮助。出乎意料的是，浙江省社会处以"种菇为农民副业，从业种菇者应饬加入当地乡农会为会员"[2]为由，将两个组织的建立申请均予以否决。至于菇民贷款，社会处认为自然也应当由农会或组建合作社承办。

正是在菇民针对浙江省社会处之训令所递交的呈报中，菇民身份定义的重大变化及其群体边界意识展露无遗：

> 查香菇系工人技工生产品，非农人所能种植，亦无种子可以播种，全以工人劳力而成……此系专门职业，非农人所能兼代，亦非农人副产品。前李师颐呈请设立菇农协会，查李君从未做过香菇，对该职业全系门外汉，

---

[1] 叶清、章汉文：《青年党龙泉县党部略述》，中国人民政治协商会议浙江省龙泉县委员会文史资料工作委员会编：《龙泉文史资料》第四辑，1986 年，第 114 页。
[2] 《龙泉香菇职业工会》，第 31 页。

其称菇农实属错误。[1]

在20世纪二三十年代的菇民自述中，菇民尚将自己视作农民或者商人，而种菇也是务农之余"以补不足"的副业，但此时，菇民认为种菇乃是一种专门职业，"非农人所能种植"。菇民抛弃了"农"或"商"的身份，转而强调自己为专门种菇之"菇业工人"了，这与菇业危机前强调田业的倾向正好颠倒过来。同时，虽然李师颐"累世种菇"，对于香菇种植也有深入研究与重大贡献，但因为其并非传统菇民区之人，从而被菇民视作门外汉而排除出"菇业工人"，表明菇民已有一个较为明确的群体认知，而非混同于一般农民中。这一时期的菇民身份认知在继承"菇帮"身份划分的情况下，有了一定发展。

但我们应注意到，菇民此时尚未以政府及学界常用的"菇民"作为自称，而是采用"菇业工人"这一区分意味较淡的称谓，表明其并不试图构建一个迥异于一般民众的群体，而仅强调经济上的差别；同时，"菇帮"的名号被放弃，而无论是工会组织还是"菇业工人"等称谓，均脱胎于当时政府的组织框架与话语体系之中，诚如庆元县县长陈国钧所言："所谓菇民也者，乃以职业为区别的一种习用名词。并无其他特殊的民族性质，更谈不到是一种特殊民族。"[2]

小　结

民国时期三县传统菇业形势之所以由盛转衰，一是国内战乱频繁，造成地方与市场的动荡；二是日本香菇的大量进口给传统菇业造成了巨大冲击，采用现代化生产方式的日本香菇很快击垮了中国菇业。政府和学者试图找出菇业衰落之原因，拯救农村经济，但组建菇业放款处和菇

---

[1] 《龙泉香菇职业工会》，第33页。
[2] 《菇民研究》，第1页。

民合作社的救济办法由于缺乏资金及地方精英的不合作而化为泡影。但政府与学者在调查过程中发现"菇民"这一群体，菇民也为了维护自己的权益而开始强调自己的独立性质。两者相互作用，引发了一次自20世纪30年代以来菇民异质性的涨潮。

40年代末，菇民中一部分受过教育且担任过公职的年轻人在面对传统菇业的危机之时，通过将自己的身份转变为"工人"来摆脱农会的掣肘，选择了组建工会这样一条国家认可的组织路线来拯救自己。相比于官员、学者在此时常用的"菇民"，此时叶肇麟等菇民代表自称的"菇业工人"，从经济形态的角度强调自身的特殊性，表明新一代的菇民已经掌握了新的主流话语。与传统"菇民"的边缘地位不同，菇业的特质性凭借"菇工"这种更新潮的主流话语体系的身份标签而被刻意突显。

第四部分

当代『菇民』概念的形成

目前所称的"菇民"概念,多是由20世纪80年代以来龙、庆、景三县地方学者不断概括总结而来。这股对于菇民的调查研究热潮,其最初目的是为了配合当地政府发展菇业经济的产业政策。80年代初,三县陆续恢复香菇生产,作为当地为数不多的特产,政府花费了大量人力物力引进香菇生产技术,改进香菇生产组织,使得三县菇业有了飞速发展。也正是在这一时期,大量有关菇民历史及文化的著述涌现,促进了大众对于菇民的认识。但是,这些对于菇民历史与文化的描述,并非历史的原貌,而是基于地方学者视角的重新构建。藉此,菇民历史被不断"发现",从而使得菇民这一群体得以从历史中浮现。而对于菇民而言,这些被发掘的"历史"既基于其自身的文化特色,又符合其利益,菇民很快接受了这些设定,并同地方学者一道重塑并不断展演自己的历史,并以此为基础完成了一个自宋以来一直活跃在龙庆景三县的菇民群体之建构。

第四部分 当代"菇民"概念的形成

第七章 溯源追远:当代"菇民"身份的构建

第一节 政府主导下的菇业技术革新

新中国成立后,地方政府对于菇业的限制政策使得20世纪三四十年代兴起的研究菇民风潮以及菇民特质的萌芽戛然而止。起初,龙、庆、景等地方政府和党委对于菇业尚秉持着扶持的态度,比如,庆元县委发出《关于土改中对菇山处理的意见》,指示各乡坚决保护菇民对于菇山的权益,妥善解决好发展问题。1952年建立县菇民委员会,派出干部分赴福建、安徽等地设立菇民分会,领导和协助菇民生产。由此,菇业获得了一定的发展。但是,随着极左思潮侵入农村工作领域,各县政府党委对菇业都采取了压制政策,批判菇民"重菇轻农"的思想,动员菇民回家种田。人民公社化后,菇民种菇被看作是搞"资本主义",在外地的菇寮纷纷停止作业。"文革"期间,龙泉县革委会甚至提出了"枪毙香菇"这个口号,香菇生产被完全禁止。以致1979年,羽毛球世界杯在杭州举行,要三县提供150公斤香菇,当地供销社竟然无法供应,最后龙泉日杂公司以笋干向江西景德镇调换香菇方才解决。

十一届三中全会后,为了发展山区经济,三县逐渐放开了对香菇生产的限制,并投入资源支持香菇产业的发展。"当时的庆元,国营的企业寥寥无几,且处境艰难,很不景气,乡镇企业也是卖卖木头而已。许多基层干部认为,比较现实的,见效比较快的,又能为群众接受的,是在发展农业的同时,允许恢复香菇的生产。"[1] 1979年,县委书记毛留

---
[1]《中国香菇栽培史》,第187页。

荣在全县四级干部大会上提出恢复和发展香菇生产的意见。到了1984年春，时任县委书记的徐仁俊在三级干部大会上提出了"香菇万岁"的口号："在县委常委会研究1984年全县三级干部大会报告时，我主张应在大会上针对'文化大革命'枪毙香菇，提出响亮的'香菇万岁'口号，以号召广大菇民大胆做香菇，发展香菇经济，让一部分人先富起来。"[1]

在组织上，政府恢复了新中国成立初期设立的菇民协会，又由丽水地区行署组织龙泉、庆元、景宁、云和四县菇民区干部分别派驻外地办事机构，负责在外菇民的生产领导工作。菇民协会的主要工作有：（一）签发菇民征，为菇民外出做菇提供证明。（二）帮助菇民联系香菇生产资源，报批菇用木材砍伐计划。（三）协助菇民解决纠纷，保障菇民正当权益。（四）编发《香菇工作简讯》，通报各地香菇产销状况，提供香菇科技资料。（五）对菇民进行爱国主义和社会主义及党的方针政策的教育，并向党和政府反映菇民的呼声。（六）创办菌种厂，为菇民提供优质菌种。

除了政策上的支持，政府亦牵头引进了最先进的香菇种植技术。1979年，庆元县科委资源利用实验厂派人前往上海、江苏等地进行考察，学习最新的香菇栽培技术。之后，由吴克甸、胡华杰等人在岭头乡等十一个海拔不同的地点试验木屑压块栽培香菇。庆元县科委根据这几次试验的成果，汇编出版了《新法制菇》一书，介绍了新式种菇技术的优越性："新法栽培香菇和老法栽培香菇的根本区别，是它不是直接将孢子播在菇木上面，而是采用类似农作物的育苗方法，即先经过一段时间的菌丝（类似种苗）培养，待菌丝长到一定程度后，再移植到菇木上或者压成菌块。由于香菇菌种在培育过程中，不断地经过淘汰、驯化和纯净，因而无杂菌，纯度高，抗病能力强，香菇的产量和质量都比较稳定。"[2] 基于这一技术，使得香

---

[1] 《中国香菇栽培史》，第187页。
[2] 浙江省庆元县科学技术委员会：《新法制菇》，1980年，第21页。

第四部分　当代"菇民"概念的形成

菇栽培摆脱了砍花法所依赖的气候、木材种类的限制，有利于工厂化的经营和大规模推广，所以，这一技术"无疑是香菇生产史上一场革命性的转折，无论在政治上还是经济上，都具有十分深远的意义"[1]。于是，在1980年冬，庆元县政府决定全面推广该项技术，"由县科委与县供销社联合举办60多人的参加的技术培训班。供销社并提供香菇菌种18万包，资金15万元，扶持有困难的社、队上马。当段木制菇技术在全县推开后，为确保质量，县还配备8名技术员，下乡巡回辅导。"[2]

1985年冬至1986年春，在木屑压块栽培法的基础上，庆元开始试验"人造菇木露地栽培法"。县农经委指派吴高珍、胡兆行、吴克甸、胡华杰等同志前往福建省古田县考察。吴克甸在回忆中写道："农历除夕晚上十时左右，我看到电视屏幕上出现大面积的菇棚，菇棚里面菌棒长满了可采收的香菇，电视介绍说，这是大甲乡的代料香菇，该乡是代料香菇发展最快、效益最好的乡镇……我看到这一新闻立即向吴高珍主任汇报，同是代料香菇我们还在搞布点栽培试验，人家古田已大面积推广，今后我们要考虑调整工作进度，争取及早改变庆元代料香菇现状。"第二天，就"由吴高珍、胡兆恒（农业局党委书记）、胡华杰和我四人组成学习考察小组，前往古田大甲乡现场参观学习。"[3]在考察归来之后，吴高珍等四人撰写了《找到发挥庆元食用菌优势的新路子》的报告，得到了县委县政府的重视和支持，并出台了三项措施：（一）财政安排15万元作为技术引进开发经费。（二）建立庆元食用菌技术研究所。（三）招聘吴智清等9位同志为食用菌技术专管员。经过不断的试验，这一技术获得了成功，大大简化了生产流程，有力地推动了香菇产量的增加。在这一技术的推广中，政府发挥了

---

[1]《新法制菇》，第38页。
[2]《香菇之源》，第19页。
[3] 吴克甸：《一代香菇人的艰辛奋斗·铸就庆元香菇二次辉煌》，《首届国际食用菌文化大会论文集》，2016年，第105页。

牵头作用。"海拔1100米的官塘乡，是交通不便的偏僻乡镇之一，我们派了六名技术人员去，晚上，乡干部安排我们去一个行政村，该村有50—60户，可是我们等了2个多小时才来了三位农民，我们热情认真的讲课，但只有一位姓吴的农民说想试试，愿意生产2000段菌棒。第二天早上我们还没有起床，就听到有人来敲门，原来是姓吴的农民来了，他说他一夜没有睡觉，之前曾做过段木白木耳收成不好。为了打消他的顾虑，我们说一定会做好技术指导，就安排人到他家里和他一起生产2000段菌棒，生产结束后才回单位。后来又经常去指导，直到第一期菇采收结束，他们全家都高兴了。"[1]

表 7-1 庆元香菇产量[2]

单位：吨

年度	总产量	庆元县境外产量
1978	2.15	2.15
1979	36.35	36.35
1980	84.75	84.75
1981	236.8	119
1982	364.95	160
1983	408.55	173.55
1984	510	270
1985	590	270
1986	707	312
1987	685	220
1988	860	220
1989	1544	600
1990	1401.2	180
1991	2662	200
1992	4302	160
1993	7680	150

[1]《一代香菇人的艰辛奋斗·铸就庆元香菇二次辉煌》，《首届国际食用菌文化大会论文集》，第106页。
[2] 资料来源：《香菇之源》，第22页。

第四部分 当代"菇民"概念的形成

根据表中的数据，庆元的香菇产业在1979年开始高速发展。在1982年之前，前往外地做菇的庆元菇民，即采用传统砍花法种菇的菇民所产出的香菇吨数仍然大于庆元县境内的香菇产量。但是在1982年之后，随着锯末屑栽培香菇以及1986年更先进的人造菇木露地栽培法在庆元的推广，庆元县境内的香菇产量蹿升，迅速占据了香菇总产量的大头。而且，境外香菇产量在1982年之后总体呈现出不断下降的趋势，表明采用传统菇业技术的菇民数量在不断下降。到了1992年，菇农基本在家从事袋料香菇生产了。

在发展经济这一目标指引下，政府在这一轮的菇业技术革新中发挥了决定性的作用，无论是新技术的引进与试验还是下乡推广，其中所需的资金和人力，均由地方政府承担。正是在地方政府的牵头下，龙、庆、景三县菇业在短短十多年间迅速从砍花法演进到袋料香菇种植，产量和质量也大大地提高了。

技术进步推动是生产组织形式的改变。传统菇业的菇厂为集约化的大棚所取代，由于袋料香菇种植对于木材原料要求更为宽松，去外地的深山老林中做菇便无必要，传统菇业就在20世纪80年代至90年代初的生产技术进步中走向终结。传统的菇民文化，各类关于砍花法的谣谚口诀，菇民在菇山使用的行业隐语"山寮白"，乃至每年农历七八月举办的菇神庙会，大都基于传统菇业生产与生活的实践，因而纷纷在这场大潮中失去了其赖以生存的土壤。"但现在菇民区里会讲这种话的老菇民已不多，讲的也不完全正规，多有讹差各异。一般青壮年菇民大都失传，不会讲了。即使会讲一两句，也是凤毛麟角，传为笑谈。时而久之，将为湮没。"[1]"山寮白"所面对的局面正是传统

---

[1] 吴高：《菇民语言》，《庆元文史》编辑部：《庆元文史》第7期，1986年，第43页。

菇民文化所面对的窘境。如果这些文化的载体，即那些从事过传统菇业生产的老菇民故去，那么这些文化内容，可能也会随之湮灭无存。但是，这些菇民文化，不仅没有随着传统菇业的衰落而被淹没，相反，在政府的支持下，庆元等地兴起了一股重建菇民文化的风潮，使得原本在菇民内部口口相传的谣谚传说，变得广为人知。

第二节 菇业及菇民历史的重构

进入20世纪80年代，菇民的特质随着政策风向的转变而被重新发掘出来。此次对于菇民特质的再构建，以地方文史工作者为主导，以各县的文史资料为阵地，通过梳理菇民口口相传的传说，从而构建出一个历史悠久且连续不断的菇业种植传统。

1986年，庆元政协主办的《庆元文史》开辟"香菇之乡"专栏，介绍菇业历史和菇民文化。从中可见，许多地方知识分子已经开始注意到菇民文化的特异之处，并开始调查搜集各类口述资料。譬如，该刊之《菇民语言》作者吴高就自称"先后走访了菇民区五个乡十八村与二十多位老菇民进行征询忆谈"[1]。此后，地方学者陆续整理出有关菇民谣谚、组织、武术、节日等菇民特色文化，逐步还原在传统砍花法生产条件下菇民的生产生活。

但是，这些简略的记录最多只能反映民国时期的菇民历史，又因为缺乏可靠的文字记载，无法将其历史追溯到更远的年代，无从充分发展"香菇生产历史悠久，生产经验丰富"[2]的优势，这时候，只能求助于菇民传说中来自宋代的祖师爷吴三公了。

---

[1] 《菇民语言》，《庆元文史》第7期，第43页。
[2] 沈士庆：《老法栽菇及其前景》，《庆元文史》编辑部：《庆元文史》第7期，1986年，第39页。

第四部分 当代"菇民"概念的形成

一、吴三公传说的整合与发扬

1985年,朱上智等提到"庆元是香菇的发源地,是'香菇栽培技术的发明家吴三公的故乡'。吴三公原名吴继山,宋人,原住我县斋郎乡龙岩村,后迁后广乡西洋地。他世居深山,不断观察野生香菇的生长规律,发明了"做樯"'砍花''遮衣''开衣''惊蕈'等一套完整的香菇栽培技术。他的这一发明,后来由元代农学家王祯(1271—1368)收入于所著的《农书》之中"[1]。童邦树的《松源殿》一文亦粗略地提及吴三公的故事:"该殿是为纪念我县一位发明香菇人工栽培技术的号称吴判府的人而兴建的。吴判府名叫吴煜,又名吴继山,因排行第三,民间尊称为吴三公爷……这座古殿,原由吴林荣出资初建于宋咸淳元年(1265),后历经多次整修扩建,到光绪元年(1876),庆、龙、景三县菇民集资,选能工巧匠,博取历代工艺之精华,重建了这座殿宇,这就是至今尚存的'松源殿'。"[2]

1990年,东方白的《菇神吴三公》根据各个年代的庆元县志以及龙岩吴氏宗谱,结合了民间传说,"梳理"出吴三公庙宇的完整流变史:"吴三公殁后,乡人感念他的恩德,奉之为菇神,于宋度宗咸淳元年(1265年)首先在后广乡的盖竹村建立一座'灵显庙'祀奉吴三公。到元成宗大德年间,大济乡的周墩村建村以后,也建立了一座'显灵庙'来祀奉吴三公。至明洪武以后,零零落落散居在后广乡西洋一带的棚户(当时西洋还不成村落),也在西洋建造一座'吴判府庙'供奉吴三公父子,后来后广村有部分居民于清雍正七年(1729年)迁至西洋与散居的棚户建成西洋村后,就于清乾隆三年(1738年)重建'吴判府庙'……清光绪元年(1875

---

[1] 朱上智、沈士庆、吴春娟:《漫话香菇》,《庆元文史》编辑部:《庆元文史》第4期,1985年,第32页。
[2] 童邦树:《松源殿》,《庆元文史》编辑部:《庆元文史》第7期,1986年,第33页。

年），菇业有了较大的发展，菇民到菇神庙进香也日益兴盛，而旧有的菇神庙都是简陋狭小，仅弹丸之地，且因年代久远，也很破落。于是，龙、庆、景三县的菇民又集巨资在西洋村吴判府庙旧址下面，重新建造一座规模宏伟的吴三公庙，名曰'松源殿'（又名西洋殿），正殿神龛中塑有十二尊神像，中立者为吴三公，两旁依次分列吴三公兄弟（吴驮、吴二、吴四、吴五、吴六）及吴三公的儿子和侄儿（十六、小七、十八、小九、廿三、廿五），菇民每年上菇山及回家都要到此朝拜，以示虔诚，香火极盛。"[1]

1993年，可聪对龙、庆、景菇民一贯认为的吴三公是龙岩人的说法提出了质疑。他通过对各个版本庆元县志中关于西洋殿记载的总结，提出吴三公及其父吴府判出生在西洋村，而其祖地在龙岩的说法，认为吴三公乃是西洋村人。[2]

十年不到的时间，吴三公的身份产生了多次变化。在20世纪80年代中期，庆元的朱上智等人尚认为吴判府为吴三公的尊称，90年代初，吴判府却成了吴三公的父亲。这种身份上的认知混乱，与各类民间传说对于吴三公身份的模糊记录有着很大关系。不过，吴三公身份上的含糊并不影响这些地方学者不约而同地将祭祀吴三公的庙宇——西洋殿的历史同县志中记载的历史悠久的西洋以及附近盖竹村的灵显、显灵二庙联系起来。原为灵显庙的松源殿，或称西洋殿，在20世纪40年代就被陈国钧认为是祭祀吴三公的专庙，在其调查中提及"老殿建自清乾隆三年，业已颓废。新殿系建于光绪元年，乃龙、庆、景三县菇客集资合建，故此殿属三县公产"[3]。对于八九十年代还活着的老菇民而言，该座松源殿，

---

[1] 东方白：《菇神吴三公》，《庆元纵横》编辑部：《庆元纵横》第6期，1990年，第64—65页。
[2] 《吴三公祖家在龙岩，生长在西洋》，《庆元纵横》第12期，第21—22页。
[3] 《菇民研究》，第12页。

第四部分　当代"菇民"概念的形成

自他们出生起就矗立在西洋村的小溪边,随着每年在该庙开展的祭祀活动,不断向他们灌输和强化该庙为吴三公专庙的印象,在县城里来的人进行调查访问时,他们的答案自然只有一个:该庙一直以来都是祭祀吴三公的。加之县志中关于该地庙宇的记载语焉不详,仅称是吴判府庙,与吴三公之姓相合,而创造吴三公形象和身份的更早年代的菇民显然对此有所了解,将县志上的记载添入族谱中,使得这些地方学者在追溯吴三公历史时,呈现在他们眼前的便是一个可以互证的历史脉络,一些细微的不合逻辑之处,在他们试图延长当地菇业生产历史,发挥历史传统优势的目标下被忽略了。无论是这些地方学者或是菇民,已经牢牢地将吴三公同吴判府二者绑定,试图将吴三公的祭祀历史推至南宋。

如此一来,现代的吴三公形象,经过这些地方学者数十年间的不断增补完善,逐渐清晰起来:吴三公,生于宋高宗建炎年间,和其父同为道士,颇有法力。在搭救香姑的过程中,机缘巧合下发现了种菇的砍花法以及惊蕈法,成为菇业祖师,并娶香姑为妻(即族谱中之刘氏香蕈)。死后被尊奉为神,菇民为其修建了西洋殿。这座记录在县志中的吴判府庙,足以证明自宋以来,庆元便一直有菇民从事香菇生产。

在地方学者手中不断层累的吴三公形象,显示出鲜明的去神化色彩。"在我县历史上,吴三公创造人工制菇技术,确有其人其事……但由于这一类的民间传说和故事,多是脱胎于封建社会的土壤,必然要受这一特定历史条件的约制……为了弄清关于吴三公传说的历史价值和文学价值,首先必须对故事本身进行剖析,分清其中幻想神奇和现实生活的矛盾,辨别出真实和虚构的成分,理解它在糅合过程中的相互穿插关系,才能探求它的实质。"[1]在肯定吴三公其人其事真实存在的前提下,他

---

[1] 蠹老:《谈谈吴三公传说》,《庆元纵横》编辑部:《庆元纵横》第4期,1989年,第91页。

的某些灵异特质，如修建西洋殿时的显灵传说被淡化，而他在发现香菇种植方法的历程则不断被丰富。族谱中娶刘氏香蕈的记载及坠入深潭得五显神传授种菇秘术一事，在地方学者手中逐渐演变成一个贫苦农民拯救另一位受地主迫害少女的传奇故事：

> 时值隆冬，恰好庆元有个青年农民吴三，带着老母出外谋生，路经此处，看见香姑昏倒在雪地上，就将她背到附近一座破庙里，解下衣裳盖在香姑身上，连夜守候在她身旁。天亮后，香姑苏醒过来，而吴三却因衣单冻昏过去。她看见坐在旁边的老母正在哭泣，就急中生智拔下吴三身边的斧头，跑到庙外，在一棵已倒的大树上砍下柴枝给吴三烤火取暖。她一面东砍西剁，一面想到吴三为了救她冻坏了自己，无限感激，泪如泉涌，点点滴滴落在斧痕上。后来吴三在姑娘的小心照料下，终被救活，从此他们结成夫妻，恩恩爱爱。
>
> 次年春天，吴三又路过原地，在破庙前忽闻异香扑鼻，仔细一看，却见去年香姑砍过的那棵枯树上，斧痕中正长出无数菌蕈，一个个像打开的伞子，散发出袭人的芳香。他便顺手采回一大箩筐，边食边品，不但味道鲜美，且觉得近日患的风寒也很快痊愈了。此后吴三按法去做，还把这经验推广到民间，并把这菌蕈命名为"香姑"，以纪念妻子的创造。[1]

曾经模糊的吴三公家世，亦被地方学者统合菇民传说，重构出一条清晰的家族脉络，吴三公的父母儿女等，纷纷被引入菇业的历史之中。如其母刘氏在西洋村道旁煎菇脚汤为村民治病，死后葬于西洋殿后山，其子小七因做菇时爬树不慎跌落摔死等传说，进一步丰富了吴三公凡人一面的形象。

这些学者对于吴三公故事的发掘及其人物形象的建构为证明庆元是

---

[1] 1996年版《庆元县志》，第255页。

香菇人工栽培发源地提供了相当坚实的凭据。为了进一步发展庆元菇业，时任庆元县县长的谢力群提出邀请国际知名学者，加强庆元香菇发源地的名声："由于庆元县地理位置偏僻，历史上行政归属也数次变更，知名度低，最为重要的还是国际上对香菇的发源地产生歧义，为了正本清源，需要通过国际食用菌界的专家学者通过实地考察，论证、确立庆元的香菇发源地之地位，同时对庆元食用菌的发展予以指导，进一步扩大知名度。"[1] 为此，1989年3月，在国家轻工部的安排下，庆元县邀请张树庭教授前来考察，在考察了西洋殿，龙岩村的《吴氏宗谱》等之后，张树庭为庆元题词"香菇之源"。基于吴三公的传说，坐实了庆元香菇生产历史悠久。

香菇发源地称号的落地和吴三公形象的重新构建，为菇民文化在20世纪80年代以来的再次兴起提供了坚实基础。1948年陈国钧在《菇民研究》中的排列，以刘基为第一，五显第二，吴三公最末。四十多年后，吴三公取代了五显神和刘基，成了菇神中最负盛名的一位。庆元的菇民以吴三公信仰为基础，开始全面恢复对于菇神的祭祀活动。"我记得第一届菇神庙会是在1978年，那年，我和家人、朋友一起早早地就到西洋殿。在大家的期待中，喜剧表演者登台了。演出人员是百山祖镇车根乡黄水村人，演出人员加起来有20多人，唱的是《梁山伯》等古老戏。台上演员表演得精彩，台下观众看得入迷，叫好声、鼓掌声不断，连续三天的演出，西洋殿里都聚集了很多观众，不仅有庆元县的菇民，连周边县市的菇民也赶过来参观菇神庙会。"[2] 1978年恢复的庙会保留了原来菇神庙会的演戏以及三县菇民交流等元素，呈现出一个相当传统的菇神庙会形象。正是这一传统的复苏，显示

---

[1] 谢力群：《张树庭教授为"香菇之源"正本清源——庆元县香菇产业发展片段记述》，《浙江食用菌》2010年第5期。
[2] 王家武：《我眼中的菇神庙会》，《丽水日报》2015年1月26日。

传统菇民文化仍然存在一定的生命力。这彰显菇民历史和文化特色的庙会以及其举办地西洋殿，亦获得政府的资助。1983年至1985年，财力紧张的庆元县政府拨款1000元，并由文物办公室发动群众捐献木材，对西洋殿进行了抢救性维修，并于1985年将西洋殿列为县级文物保护单位。1986年，浙江省文物局拨款5万元作为修复资金，庆元县发动群众捐款两万元进行进一步的修复工作。此后不断投入人力物力，持续对该殿进行修缮。1997年，西洋殿被列为省级文物保护单位。除了出力修缮西洋殿外，政府的力量亦参与到庙会的举办过程中。比如1993年第二届香菇节期间，庆元县政府为殿内重塑的吴三公神像举行了隆重的揭像仪式，并邀请张树庭教授为之剪彩。2011年，庆元县委书记陈景飞赴台考察香菇业，同年7月22日，台湾菇农前往庆元拜会，并与庆元县副县长讨论菇神（即吴三公）分香事宜。11月30日，来自台湾的"请神团"来到庆元，并于12月2日，将菇神神像迎回台中。[1]

除了庆元县政府对于吴三公及其庙会的认可外，龙泉市政府对于本地区菇民所信仰的五显神也采取了支持的态度。如2010年，将龙南乡之香菇文化庙会提升为龙庆景香菇文化节，由龙泉市委宣传部、农业局、文化广电新闻出版局等共同举办，龙南乡党委和政府承办。龙泉市市长还向龙南乡下田村的五显庙敬献了一个特大号的青瓷三足香炉。龙泉市的公安局局长，在两次下田庙会中的私人捐赠都位列第一。在庙会演出的戏班子的包场红包，也由他自掏腰包。[2] 这些行为展示了政府对菇民信仰及庙会活动的认可态度。

---

[1]《移民与地方神：以"菇神吴三公"分香台中新社的故事为例》，《近代以来亚洲移民与海洋社会》，第173页。
[2] 张寿橙：《香菇文化的根脉永存——发生在下田香菇庙的故事》，叶耀廷著，张寿橙注释，江兴祐整理：《菇业备要全书》，杭州：西泠印社出版社，2014年，第94页。

第四部分 当代"菇民"概念的形成

二、文化与历史的附会

地方学者在20世纪80年代初为了发展地区经济,提出重振香菇的主张的大背景下,对于菇民的调查,从菇民最显著的文化特色——菇神崇拜开始,凸显其与同区域中其他居民不同的一面。但是,仅仅凭着菇神这一独特的信仰,来划分出菇民这一群体,从而赋予香菇一种"域外"珍馐的文化属性仍然是不够的,此后,这些地方文史工作者的主要着力点,就在于挖掘菇民的特质。所以,他们必须要从许多方面同普通民众并无二致的菇民身上,找出一点不同的文化特色来,以至于将一些本来不专属于菇民的文化产物安上菇民的头衔。

如被称之为"菇民戏"的庆元地方剧种二都戏,就有一个显著的"菇民化"过程。1984年关于二都戏的记录里,尚称"庆元地方剧——二都戏,发源于我县古称二都的荷地、合湖、底墅等地,是我县群众喜闻乐见的一种地方戏……至民国初,二都戏大为兴旺,当时约有……七八个二都班在庆、景、龙一带巡回演出"[1]。这样看来,该剧乃是龙、庆、景三地流行的剧种,并非只在菇民内部流传。二都戏的剧目都是其他剧种中常见的题材,如三国、水浒、包公,等等。1986年的文史资料中也称二都戏为"庆元土调"。不过到了90年代初期,二都戏便开始被称作菇民戏了。1993年,学者在叙述景宁地区的菇民迎神演会时便称"上演剧目以菇民区域特有的地方剧种'生戏'或称'二都戏'、'英川乱弹'(今称菇民戏)为主"[2]。1994年余绪在《香菇之源》一书中更是特意指明:"二都戏,因起源于菇民聚居的庆元东部二都(今荷地一带)而得名。""二都戏是菇民自己的戏,深受菇民区广

---
[1] 姚得安:《一朵璀璨的山花——二都戏介绍》,《庆元文史》第2期,1984年,第26页。
[2] 沈毅:《浙江景宁山区地方神信仰调查》,《中国民间文化》,1993年,第220页。

大群众爱戴，不少地方都把支持和关心二都戏班订入村规民约。""它的悠久历史和精湛表演艺术，充分反映了庆元菇民对艺术的刻意追求和丰富的创造才能，为繁荣香菇文化作出了重要贡献。"[1]此后，二都戏在各类记载中便一直顶着菇民戏的头衔。

庆元二都戏的"菇民化"，是将二都戏的范畴从一个流行于三县的地方剧种，变成专属于一个群体的剧种，冠之以菇民戏的名目，并称其由菇民创作，这显然不符合历史事实。在各类谈及"菇民戏"的文史资料中，对于该剧种历史的叙述存在明显的割裂。二都戏的祖师，被称之为"田公"。"据说明末清初，杭州铁板桥头有一位书香子弟名叫田公，因功名不第，弃士习戏，兼且喜爱打猎。当他游猎到庆元二都，便会同演员们一起习戏，积极帮助二都戏的提高、改进，故后来二都戏的各个班子，都奉田公为师父。"[2]此人看来和菇民毫无关系。在之后的叙述中，田公作为祖师的地位从来没有动摇过，学者也都称该戏流传于三县，受众显然并非只有菇民。那么，将二都戏和菇民联系在一起的手段，便是称其经常在菇神庙会上演出。如"七八月则是各菇神庙的'香期'，届时争相聘请戏班，把各台柱忙得不亦乐乎"[3]。就是通过这种衔接，将二都戏变成了菇民专属的戏剧。这种变化的产生，反映了地方学者不仅想要挖掘菇民原本的特质，他们还试图重新搭建菇民文化体系，在看到菇民生活中的一些不同寻常之处时，便试图使之成为菇民的特色。

除了将二都戏变为菇民戏外，地方文史工作者还将其他历史内容附会到香菇文化之上。如将何澹奉为"香菇文化之父"。自清以来，嘉定《龙泉县志》的修撰者被认为是何澹。乾隆志之例言称"宋志，嘉定二

---

[1] 《香菇之源》，第95—97页。
[2] 《一朵璀璨的山花——二都戏介绍》，《庆元文史》第2期，第26页。
[3] 《香菇之源》，第96页。

第四部分 当代"菇民"概念的形成

年（1209）邑人何澹著"[1]，其中记载传统香菇栽培技术的185字也被认为出自其之手。基于此，2009年3月，在由龙泉市委宣传部部长主持的香菇博物馆和香菇历史文化研讨会上，基于张寿橙的报告，各方的学者一致奉何澹为"香菇文化之父"。于是，龙泉市政府决定设一尊何澹雕像于下田五显庙前的小广场，以彰显何澹的全新身份。不过，嘉定龙泉志的修撰者应为当时的知县林应辰和县丞潘桧，何澹不过为家乡的地方志作了序而已，其中的香菇生产技术记载，自然不可能出自其手。通过政府的主导，将其定为香菇文化之父，大概是想要借用何澹在历史上相对显要的地位，展示龙泉在香菇栽培上的悠久历史，将何澹雕像安置在下田庙，则更进一步地试图将地方传说与历史正统接续起来，从而为龙南乡等地的菇民历史提供一个坚实的历史基础，暗示着自宋以来的香菇种植传统，这与庆元宣传吴三公的目的如出一辙。

龙泉的张寿橙则试图将香菇栽培的历史推到西晋，[2] 其主要依据来自张华《博物志》："江南诸山郡中，大树断倒者，经春夏生菌，谓之椹。食之有味，而忽毒杀，人云此物往往自有毒者，或云蛇所著之。枫树生者啖之，令人笑不得止，治之，饮土浆即愈。"[3] 在此张寿橙以"断"作动词解，认为"大树断倒者"为菇民砍树之意，颇为武断，当不足取信。何况，张华在其记述中并未明言所谓"椹"之类究竟为香菇或是其他菌类。按朽木生菌，实属常见之事，综其上下文，所谓"往往有毒"及"枫树生者"云云，似乎不是指称单一菌种，而是多种菌类的概括。则《博物志》所言之"椹"，当是菌类之概称，而非特指香菇。

除《博物志》之外，张寿橙尚以雍正十年（1733）《浙江通志》中的两条记载作为证据。其一为《通志》所引之《山蔬谱》："蕈。《山蔬谱》：

[1] 乾隆《龙泉县志·例言》，叶1a。
[2] 《中国香菇栽培史》，第83页。
[3] （晋）张华撰，范宁校证：《博物志校证》，北京：中华书局，1980年，第39页。

— 193 —

永嘉人以霉月断树,置深林中,密斫之,蒸成菌。"[1]张寿橙从沿革判断"永嘉"为晋时郡名,则《山蔬谱》中之"永嘉人"当是该书写于晋时之依据。事实上永嘉一词作为郡名,并非仅在东晋有之,隋大业七年(607)和唐天宝元年(742)都曾恢复永嘉郡称号,管辖范围也有较大的变动。且从该段残文中无法判断"永嘉"到底指的是郡还是县,不过,《通志》编撰者将该条系于温州府物产下,当是认为此"永嘉"为永嘉县。张寿橙此说,显有附会《博物志》的嫌疑。更何况地名的使用并非如此精确,以古地名指代的情况比比皆是,以永嘉一名作为断代依据显然不够有力。其二为宋咸淳《临安志》"香蕈"条下引用《蔬谱》:"《蔬谱》:土人号为香蕈。"张寿橙以为乃是与通志前所引之咸淳《临安志》中的材料,显然并未细查《临安志》原文,在此错误基础之上,张寿橙以为《山蔬谱》和《蔬谱》"可能同为一书",实属臆测。

那么,《山蔬谱》的断代就成了划定砍花法发明年代上限的关键。《山蔬谱》现已亡佚不存,但可以肯定的是,该书绝非晋代所作。之所以下此结论,最为重要的原因是,该段记载从未出现在自晋至雍正《浙江通志》提到"蕈"或"菌"的文本中,若其果真能从晋代一直流传到清雍正年间,则必然是本相当著名的农学著作,何以陈仁玉《菌谱》、王祯《农书》以及李时珍《本草纲目》等言及香蕈性状的著作均未提及此文呢?该书之内容仅见于雍正《浙江通志》的温州《物产卷》中,也未被收入《通志》子部书目之中。且《通志》完成之前的温州等地地方志中对于香蕈的描述仅有"出泰顺"[2],全无《山蔬谱》踪影。相反,直至乾隆《温州府志》和《永嘉县志》才在其香蕈条目下引用该材料,《永嘉县志》更是明言该条源自《通志》。[3]似乎这段关于砍花技法的叙述是《通志》

---

[1] 雍正《敕修浙江通志》卷107《物产七》,清光绪二十五年刻本,叶2a。
[2] 乾隆《温州府志》卷15《物产》,清同治四年刻本,叶2a。
[3] 乾隆《永嘉县志》卷12《物产》,清乾隆三十年刻本,叶2a。

第四部分　当代"菇民"概念的形成

某位编纂者自己增补的。《山蔬谱》的流传范围应当很小，极有可能是某人的私家收藏。但是，现在已无从得知《山蔬谱》是如何进入《通志》纂修者的视野又迅速消失的确切过程了。

不过，元代文人任士林的《松乡集》中出现了《山蔬谱》的踪影。其《题方白云山蔬谱》云：

> 粱肉之味不达于山林，蔬蕨之甘不登于朝市，地势则然也。然粱肉厚味，固有以蛊其子孙，而蔬蕨清风，千载有余甘。彼夷齐者独何人也？因书以还白云方巨济，入山蔬谱云。[1]

该书作者"白云方巨济"于史无传，但是其孙却在元末文人的交往留下了许多蛛丝马迹。王献之《保母帖》延祐六年（1319）汤炳龙跋云：

> 天瑞天目闲气人物，元英先生后人也，世为锦城巨家，自号义斋，家有白云书房，江风山月吟窗，诸老品题咸在焉。其风流儒雅若此，故应得之也。于是喜而为书此诗云，延祐己未重午日，北邨老民汤炳龙书于保和读易斋，时年七十有九。

后又有海粟老人跋《保母帖》：

> 王大令《保母帖》，世未之见，过临安适钓台，白云孙义斋邀过其藏书之舍，首出此卷相示，老睫为之增双明……

从以上跋文来看，方天瑞似为方白云之孙。元明之际的宋濂对方天瑞的记述更为详尽，其《义乌方府君墓志铭》云：

> 府君讳天瑞，字景云，姓方氏。宋元丰间，有讳沈者，自严陵白云原徙居义乌之裯岩，今九世矣……府君曾祖讳渊，祖讳菘之，父讳汝霖，母喻氏，绍兴丁丑进士工部郎中喻公良能五世孙也。[2]

从墓志中可以看出，方天瑞之母喻氏为喻良能后人，喻家自宋以来，名

---

[1] （元）任士林：《松乡集》卷7，《景印文渊阁四库全书》第1196册，台北：台湾商务印书馆1986年版，第576页。

[2] （明）宋濂：《宋濂全集》，杭州：浙江古籍出版社，2014年，第1424页。

士辈出，方家能与其联姻，想必与喻家也是门当户对。方天瑞自幼受到良好教育，后又担任山长，联系《保母帖》之跋文，则方家在元代确为文化财力俱佳的"巨族"，其祖有闲有钱写出《山蔬谱》不足为奇。虽然其祖生卒年不详，但按常理推断，方天瑞于洪武九年（1376）年七十九而卒，则生于1297年，其祖之生年当落于1250年左右，正与任士林（1253—1309）相差仿佛，况且二人俱在江浙一带，相隔不远，相互结识并不出奇。方天瑞祖菘之，极有可能就是撰写《山蔬谱》的"方白云"了。其号白云者，当是标榜为唐代诗人方干（即玄英先生）之后，方干隐居"子陵台下白云村"[1]，又称"白云处士"[2]，这大概也是方家白云书房之名的主要来源之一。那么，方菘之所撰之《山蔬谱》，是否与《浙江通志》中所引为同一书呢？在笔者看来，这种可能性很大，从任士林之文中，可以看出方白云之《山蔬谱》，着重于介绍山中野蔬，而香菇在各方志中大多归入蔬部，又恰好生于山林之中，正合"山蔬"之意，将香蕈归入《山蔬谱》中似是理所应当。

至于《通志》中提到的《蔬谱》，实与《山蔬谱》无任何联系。案《通志》所引《蔬谱》条，湖州府物产，姜"出太湖旁者枝红"，又葱，"出太湖旁者为湖葱，头白而长。"[3]绍兴府物产之蕨，"会稽山间有一种似蕨而毛紫色，土人谓之蕨萁，亦谓之毛蕨，不可食。"[4]金华府之苔菜，"蔬谱，即油菜。"[5]除绍兴之蕨外，这些植物都非"山蔬"，自然不可能出自《山蔬谱》，显然《蔬谱》与《山蔬谱》绝非一书。考

---

[1] （宋）范仲淹著，李勇先等校点：《范仲淹全集》，成都：四川大学出版社，2002年，第102页。
[2] 《松乡集》，《景印文渊阁四库全书》第1196册，第511页。
[3] 雍正《敕修浙江通志》卷102《物产二》，叶23b。
[4] 雍正《敕修浙江通志》卷104《物产四》，叶4a。
[5] 雍正《敕修浙江通志》卷106《物产六》，叶3a。

《通志》湖州府物产条下葱之描述,出自成化《湖州府志》,[1]崇祯《乌程县志》中也有相同的描述。[2]以上二志中对于姜的描述也是出奇一致,均言"出太湖旁"。金华府下之苔菜,则出自《广群芳谱》,同样的关于香蕈"土人号为香蕈"的记载,在《广群芳谱》中似可寻得类似的语句:"江东人呼为蕈。"[3]则《浙江通志》中之《蔬谱》,似非出自一书,而是地方志与《广群芳谱》的混合。

如此看来,所谓砍花法的西晋发明说与二都戏一样,也是地方学者对于菇民历史的一种附会。将原本不属于菇民的历史文化安在菇民头上,显然是为了强化当地的香菇人工栽培起源地的地位,营造出一种"自古以来"的舆论氛围。

可以看到,此次对菇民的"再发现",当归功于地方政府的菇业发展政策。20世纪80年代以来,为了加强本地香菇的竞争力,塑造香菇之源的地位便成了地方政府十分重视的事。为此,以政协主办的文史资料为阵地的地方文史工作者,开始对菇业的历史进行全面的整理。在此过程中,菇民独特的历史文化就被他们发掘出来。

三、"世代种菇":菇民的自我建构

正如记忆塑造了人的性格一样,历史同样塑造,或者说创造出一个群体的特色来。强调这种自我历史与他者历史的区别,是塑造这个群体边界的重要步骤。地方学者在回顾与整理菇业的发展历史时,着重强调的正是菇业的生产者——菇民的特异之处,譬如独特的菇神,行业隐语乃至菇民戏剧,等等,并在此过程中成功地塑造出了一段连续的菇民历史:南宋初,吴三公在西洋村等地发明砍花法,并将其授予他人,此后庆元等地的菇业

---

[1] 成化《湖州府志》卷8《土产》,成化十一年刻本,叶3a
[2] 崇祯《乌程县志》卷4《土产》,崇祯十一年刻本,叶32b。
[3] (清)汪灏等著:《广群芳谱》,上海:上海书店,1985年,第413页。

不断发展，并从中诞生了独特的文化，从而形成了"菇民"这一群体。地方学者不仅仅是内容上挖掘出了菇民的历史，挖掘这个行为本身同样为创造菇民群体的独特色彩提供了基础。在地方学者的整理过程中，大量运用了族谱、民间传说、庙会仪式等材料，这就使得菇民不断地讲述着菇民的相关故事，表演着菇民有关的文化，从而一次又一次地确认着自己菇民身份的边界，一些快要被遗忘的记忆就此复活。于是，菇民自身也在这场地方政府和学者对于菇民的塑造历程中追溯着自己的历史。例如，重新确定各个菇神庙的年代。下田五显庙的创建时间被确定为明万历十五年（1587）。清雍正元年（1723），三县菇帮在庙中提议举办庙会，并确定庙会的日期。更有说此庙创建于唐代的。这些说法并无任何实际证据，而来自菇民的口口相传。较可靠的记载是族谱。凤阳山的五显庙创建于乾隆年间的说法同样缺乏真凭实据。不过，这些对于菇神庙历史的"记忆"，反映出菇民将自己的历史向前推进的尝试。在此过程中，"世代种菇""祖祖辈辈做菇"成了菇民谈及自己职业时最常用的语句。相比清代菇民族谱中对耕读的重视和对种菇的隐讳，当前的菇民叙事恰好与之相反，菇业由于得到了政府的大力支持而成了一门相当光荣的职业，菇民也毫不讳言自己在经济以及文化上的特色。

菇民也接受了基于吴三公的历史构建。和清代族谱的官宦之后叙述不同，此时，吴三公成了他们最显赫的祖先。于1992年重修的龙岩村吴氏宗祠里，吴三公端坐正中，而开基祖吴子瑛反倒在旁配祀，反映的正是菇民心目中吴三公历史地位的提升。此外，五显大帝授予吴三公种菇秘法的说法看来也被遗忘，菇民对于吴三公形象的叙述已经更加接近官方版本。龙泉菇民吴鹤章于2009年完成的回忆录里就说道："吴三公的原名叫吴三（吴判夫），人们因他对香菇的生产技术贡献有功，固称他代名吴三公。有人传说是吴三公失去了女儿香姑，不时思念女儿香姑，砍伐菇树时，他伤心过度一边哭一样边将手中的斧头往砍倒的树上皮下乱砍乱剁着，后来发现经过剁过的树段发菇要快。"[1]到了2018年，三县菇民合资在龙岩村"重修"了吴三公故居，这个重修故居的举动与其说是对历史的追忆，不如说是对于吴三公真实存在的再次确认，表明菇民对于以吴三公为开端的菇民历史的接受与认可。通过重构吴三公的历史，拔高吴三公的历史地位，菇民就此拥有了一个独立于他人的共同"祖先"，并以此为起点昭示着自宋以来连绵不断的种菇历史。这种强调自我历史与他者历史的区别，正是塑造群体边界的关键步骤。

图7-1 龙岩村吴三公祠

---

[1]《菇民与香菇》手写本，第10—11页。

相比于晚清到民国菇民自称为"菇帮同仁""工人""菇工"等称呼,"菇民"这一由外人赋予的称呼在20世纪八九十年代为菇民所接受。一位老菇民自述称:

> 我出生于浙江龙泉县东乡凤阳山下,从小就以做香菇为业,对做香菇的事我也比较了解,据先人所说,香菇的老法生产技术是浙江龙泉、景宁、庆元三县人民的生产专利。在三县中也只是以凤阳山为中心,周围三县包括云和县边界的一部分乡村,合并也不过几十个乡地的人才会生产香菇,后来有人把这些地方和人称作菇乡、菇民。[1]

吴鹤章对"菇民"的叙述便是当代政府与学界对于菇民的定义:以老法生产技术生产香菇,居住在三县交界地域的群体。可见外界对于"菇民"的称谓与定义已被该群体所接纳。之所以如此,和菇民中本就存在的菇业群体塑造倾向有关,而政府与地方学者的行动恰恰强化了这一倾向。对于任何个人或群体而言,拥有一个值得夸耀的祖先,自然是件光荣的事。菇民对于吴三公"新历史"的接受,也是出于这种考虑。正是由于政府发展菇业的政策,以吴三公为代表的菇民文化成了当地的文化中心议题之一,菇业经济也成了当地的主要产业,这就意味着菇民变成了一个受政策重点支持与关注的群体,显然,接受这一身份对其而言是极为有利的,由此,一个以吴三公为开端的"菇民"群体便在历史中出现了。

可以看到,地方政府主导了这次对于"菇民"的再发现。"菇民"的被接纳表明政策所隐含着的政府政治与文化上的权威成功进入菇乡基层,在此过程中,政府和地方学者运用从菇民处采集来的资料,为"菇民"设计了一整套的历史和形象,在主流话语中为菇民留出了一席之地,再通过政策与宣传手段反哺菇民,强化了菇民对于自身的特殊印象,从而将自己同其他群体区分开来。在菇乡,村中的主要道路或者桥梁上的

---

[1] 《菇民与香菇》手写本,第1页。

宣传栏中，就张贴着这些内容，在由政府出资建设的设施上，也安上了"世界香菇文化源头""菇源圣地"等标语。经过政府的背书以及宣传，经过时间的流逝，毫无疑问这些将变成菇民被公认的"历史"。[1]

尽管一段属于菇民的历史记忆在政府与菇民的共同努力下被构建出来，但是，随着传统菇业式微，袋料法兴起，公司化的经营取代了由血缘人情结成的菇厂，使得"菇民"的成分被大大地稀释了，传统菇民所秉持的这些历史记忆也无法带给他们任何经济和政治上的优势。而且，随着社会的发展，菇民区的许多人也开始转向其他行业，这便使得"菇民"一词，只在回顾历史时才会显示其在身份识别上的意义。

小 结

20世纪80年代至今，政府主导下的菇业革新促进了三县菇业的发展，也使菇民的身份得到了重塑。这一过程，正是依靠着地方学者对于菇民历史的重新梳理与剪辑。经过其整理，菇民传说逐渐弱化了神怪色彩，诸多矛盾之处也得到了解释，从而变得更为贴近新的历史主流叙述，"菇民"这一群体在地方学者对地方历史文化的构建中诞生，并在政府的宣传下不断得到强化。不过，随着袋料香菇种植法取代了传统的砍花法，由于"老法"的要求而催生出的菇民特质也就失去了实际的意义而逐渐消失。这意味着，由这些既定特质所圈定的菇民缺乏新鲜血液的补充，从而不可避免地走向衰亡。然而，地方政府与学者对于菇民文化的倡导，使得"菇民"这一群体概念成功作为一种深入人心的文化遗产或者历史记忆而留存下来。

---

[1] 如《丽水乡村纪行》中，明言"中国香菇栽培起自西晋"，等等。

结　论

浙南龙泉、庆元、景宁三县的香菇生产可追溯至南宋初期。此后，菇民对于香菇生长规律认识的不断深入促进了香菇生产技术的发展，亦推动了相关生产组织的变革，"山寮白"、菇帮随之出现，初步建立了一个围绕菇业生产的身份认同与区分。种菇者通常称彼此为"菇帮同仁"，自认为只是从事香菇种植的普通人群，而非异质族群。

同样，菇民在国家的话语中并未获得特殊地位。清代中央统治者将菇民视作棚民一类。在地方志中，大多称菇民为"商"。政府未将菇民视作如同畲民、疍民之类异质性极强的族群，仅仅将其视作外出劳作和行商的普通民众。进入民国，政府的话语中同样未给菇民以明确的区分。在各种诉讼中，菇民要么称自己为"农"，要么称自己为"商"，却鲜见将自己称为菇民者。除此以外，政府对于菇民亦未采取特殊对待，而是一视同仁，在政策层面上并未留给菇民以空间阐述其身份的特殊性。而后尽管民国政府官员认识到了菇民经济与文化上的独特之处，却依然坚称"一切在其所属县境内与其他非菇民并无二致之处"[1]，显然并未试图在浙江这一国民政府统治的腹心地区创建一个新群体。

这与菇民大姓的宗族构建有异曲同工之处：菇民宗族通常将其塑造为官宦之后与耕读传家的传统宗族形象，有意识地向主流文化靠拢并倾向于刻意掩盖自己的菇业经历。但是，为了适应蓬勃发展的清代菇业，菇民了构建独特的菇业文化。清代晚期，许多菇神庙在菇乡建立起来。

---

[1]《菇民研究》，第1页。

龙泉乃至处州地区广泛供奉的菇神是传统的五显大帝,不过菇民在常规的五显信仰中增添了不少自己的特色,比如将五显神加上了菇业祖师的名头,将其命名为"骆灵官"等。更重要的是菇民在五显神之外又自创新的菇神"吴三公",并以庆元西洋村西洋殿作为吴三公的祖庭。这个从菇民普通一员而擢升的菇神,彰显了菇民构建自身文化体系的努力。除了独特的菇神信仰外,许多菇民宗族基于其创业经历创作了许多神异的传说,这和宗谱中耕读传家的正统形象形成了鲜明的对比。

进入民国,以上轰轰烈烈的"菇民化"表征均不同程度出现衰退。一方面是三县菇业的衰落,一方面也是受到地方权力体系变动的影响。由于政府力量与资源的薄弱,民国初年不得不依赖地方宗族推行基层组织与公共事业。这时期地方势力更多向政府基层组织渗透,加入这一行列的菇业大族进一步抛弃自身的菇民身份与菇业叙述,菇民宗族所秉承的耕读—菇民二元叙事结构就此瓦解。20世纪30年代以来,传统菇业遭受重创,政府和学者从经济与民族产业的角度开始关注菇业和菇民,菇民的特质被重新发现。许多学者在调查过程中逐渐将菇民同一般农民分离开来,将之视为独立的群体,菇民文化也随之被发掘。菇民自身则强调菇业的经济特性,试图通过组织工会来挽救菇业危机,"菇工"成为身份认同的新概念。在这种特殊背景下,菇民的特质在20世纪30至40年代出现一波高潮。

新中国成立后的一段时间里,极左思潮在经济领域的蔓延,菇业生产也随之遭到限制乃至禁止,菇民特质的发展自然无从谈起。80年代以来,地方政府大力倡导菇业发展。虽然随新种菇技术的发展,菇业在经济上已无特殊性可言,但出于打造地方特色产业的需要,菇民文化被重新发掘与构建起来。与民国时期不同,这一次对于菇民文化的再发现,不是以刘伯温为主角,而是重点关注菇民原创的吴三公。除了菇神崇拜的复兴,各县政协也在不遗余力地挖掘菇民文化的特色,如整理行业隐语"山寮白",收集各类菇民谣谚和传说,爬梳菇业发展历史,等等。菇民文化由此成为地方历史文化的重要组成部分,也为香菇业的发展提供了文化资源。

综上所述,"菇民"这一群体身份的历史并不久远,"菇民"认知自清代才随着三县菇业的发展而起步,而当代所指称的菇民群体之自我身份认知也自晚清以来有着数次变动。起初,菇民的族谱中强调耕读传家以及官宦之后的叙事,隐瞒其种菇历史,反映了儒家文化权威下的统治与妥协。到了民国,菇民独特的群体身份意识发展停滞。但随着"菇民"被国家发现,菇民也开始运用政府的话语来将自己同其他群体区分开来。直至20世纪80年代,随着地方学者和政府对于菇民历史的重塑,"菇民"这个名词正式成为了菇民的自称。

那么,菇民身份意识演变的动因何在?虽然将菇民称作一个特殊"族群"言过其实,但族群研究的"根基论"与"工具论"依然可以较好地解释菇民身份的演变过程。经济因素构成了菇民身份的根基。正是晚清菇业经济的蓬勃发展,要求菇民为适应其发展而建立了菇帮组织,创作了独特的菇神并发明了行业隐语"山寮白"。这一切都构成了日后"菇民"身份的基础。但是,单纯的经济因素无法解释这一时期菇民将自己身份定义为"农"或"商"却隐讳其种菇者身份。此时,权力要素成了我们解答这一谜题的关键。清代,菇民强调"耕读传家"叙事,追溯"官宦之后"的迁居历史,显然深受当时儒家文化权威的影响,而这一权威正是当时权力结构体系的文化表现。在这个体系中,"耕读"所代表的正统显然较之种制香菇的边缘群体有着更高的地位,由此,各个菇民宗族才不遗余力地渲染其耕读历史,并表彰族中成员"服儒服冠儒冠"的举动。

而在经济与政治形势的压力下,或是为了拯救农村经济,或是为了促进当地菇业之发展，政府与学界不断发掘着菇民在经济文化上的特质，识别出"菇民"这一群体。这一识别过程，不仅意味着"菇民"在主流话语体系中的出现，菇民首次拥有了适配自身现实状况的身份构建。从民国时期的救济计划到20世纪80年代地方政府对于菇业的推动，菇民从一个籍籍无名的边缘群体逐渐向地方的经济与政治政策关注的中心移动。

菇民看似被动地接受着政府与学界对其的塑造，但实际上，在此过程中也包含菇民对权力与利益的权衡。从菇民的历史来看，提高社会地位乃是该群体一以贯之的目标。这意味着，清代"耕读传家"、民国的"菇业工人"塑造乃至80年代的"菇民"其实并无本质不同，都是为了在主流社会中寻求最广泛的认可。这正是族群"工具论"的体现。反过来，这些政府、学界对于菇民的发掘工作以及菇民对于自身的塑造又强化了这一群体的"既定特质"，使得"菇民"最终得以压倒"农""工人"等身份认知而脱颖而出，菇民的"典范"历史也在二者的合作中得以完成。最终形成了今日的"菇民"概念：自南宋以来，生活在龙泉、庆元、景宁三县交界地区，以种制香菇为生的群体。

但随着20世纪80年代以来袋料香菇种植法取代了"老法"，因"老法"而诞生的菇民特质也就失去了实际的意义而逐渐消失。这意味着，由这些"既定特质"所圈定的"菇民"形象由于缺乏新鲜血液的补充，不可避免地走向衰亡。然而，地方政府与学者对于菇民文化的倡导，使得"菇民"这一群体概念作为一种文化遗产或者历史记忆留存下来。

参考文献

（一）档案

1. 龙泉市档案馆藏，龙泉司法档案，全宗号 M003。
2. 龙泉市档案馆藏，龙泉县政府教育科档案，全宗号 M012。
3. 龙泉市档案馆藏，龙泉县政府档案，全宗号 M013。
4. 龙泉市档案馆藏，龙泉县党部档案，全宗号 M252。
5. 龙泉市档案馆藏，龙泉县地政处档案，全宗号 M014。

（二）方志

1. 成化《湖州府志》，成化十一年刻本。
2. 崇祯《乌程县志》，崇祯十一年刻本。
3. 崇祯《闽书》，明崇祯二年刻本。
4. 崇祯《庆元县志》，明崇祯十五年刻本。
5. 康熙《松溪县志》，民国十七年活字本。
6. 康熙《庆元县志》，清康熙十一年刻本。
7. 雍正《敕修浙江通志》，清光绪二十五年刻本。
8. 雍正《青田县志》，清雍正六年刻本。
9. 乾隆《贵溪县志》，清乾隆十六年刻本。
10. 乾隆《温州府志》，清同治四年刻本。
11. 乾隆《永嘉县志》，清乾隆三十年刻本。
12. 嘉庆《庆元县志》，清嘉庆六年刻本。
13. 道光《丽水县志》，清道光二十六年刻本。
14. 道光《大姚县志》，清光绪三十年刻本。

15. 道光《庆元县志》，清道光十二年刻本。

16. 同治《景宁县志》，清同治十二年刻本。

17. 光绪《龙泉县志》，清光绪四年刻本。

18. 光绪《黎平府志》，清光绪十八年刻本。

19. 光绪《庆元县志》，清光绪三年刻本。

20.《景宁畲族自治县志》编纂委员会编：《景宁畲族自治县志》，杭州：浙江人民出版社，1995年。

21.《庆元县志》编撰委员会编：《庆元县志》，杭州：浙江人民出版社，1996年。

22.《龙泉县志》编纂委员会编：《龙泉县志》，上海：汉语大词典出版社，1998年。

23. 龙泉市林业局编：《龙泉林业志》，北京：中国林业出版社，2009年。

（三）古籍

1.（晋）张华撰，范宁校证：《博物志校证》，北京：中华书局，1980年。

2.（元）任士林撰：《松乡集》，《景印文渊阁四库全书》第1196册，台北：台湾商务印书馆，1986年。

3.（宋）释赞宁撰：《物类相感志》，上海：商务印书馆，1937年。

4.（宋）范仲淹撰，李勇先等点校：《范仲淹全集》，成都：四川大学出版社，2002年。

5.（宋）王安石撰：《王文公文集》，上海：上海人民出版社，1974年。

6.（宋）洪迈撰：《夷坚志》，北京：中华书局，1981年。

7.（宋）黄休复集：《茅亭客话》，北京：中华书局，1991年。

8.（宋）陈仁玉撰：《菌谱》，北京：中华书局，1991年。

9.（宋）周密撰，吴企明点校：《癸辛杂识》，北京：中华书局，1988年。

10.（元）王祯撰：《农书》，北京：中华书局，1956年。

— 207 —

11.（明）宋濂撰：《宋濂全集》，杭州：浙江古籍出版社，2014年。

12.（明）陆容撰，佚之点校：《菽园杂记》，北京：中华书局，1985年。

13.（明）方以智录：《物理小识》，上海：商务印书馆，1937年。

14.（清）顾祖禹撰，贺次君、施金和点校：《读史方舆纪要》，北京：中华书局，2005年。

15.（清）屈大均撰：《广东新语》，北京：中华书局，1985年。

16.（清）郭柏苍著，胡枫泽校点：《闽产录异》，长沙：岳麓书社，1986年。

（四）族谱与碑刻

1. 康熙六十一年《槎东云川吴氏宗谱》。
2. 嘉庆二十二年《下田周氏族谱》。
3. 同治三年《下田周氏宗谱》。
4. 光绪二十一年《下田周氏宗谱》。
5. 民国十年《下田周氏宗谱》。
6. 光绪十二年《蛟垟叶氏宗谱》。
7. 民国八年《蛟垟叶氏宗谱》。
8. 民国二十六年《彭城金氏宗谱》。
9. 同治二年《三合堂碑》，景宁包坑口五显庙藏。
10. 光绪四年《菇帮缘碑》，龙泉下田五显庙藏。
11. 光绪九年《捐厘碑》，龙泉下田五显庙藏。

（五）著作

1. 叶耀廷：《菰业备要全书》，龙泉：龙泉徐同福石印局，1924年。
2. 李师颐：《改良段木种菇术》，上海：中国农业书局，1939年。
3. 陈国钧：《菇民研究》，庆元：庆元县政府，1948年。
4. 经君健：《清代社会的贱民等级》，杭州：浙江人民出版社，1993年。

5. 余绪:《香菇之源》,杭州:浙江人民出版社,1994年。

6. 中国第二历史档案馆编:《中华民国史档案资料汇编》第5辑第2编,南京:江苏古籍出版社,1997年。

7. 赖青寿:《九姓渔户》,福州:福建人民出版社,1999年。

8. 傅衣凌:《明清社会经济史论文集》,北京:商务印书馆,2010年。

9. 吴鹤章:《菇民与香菇》手写本,龙泉香菇博物馆藏,2009年。

10. 张寿橙:《中国香菇栽培史》,杭州:西泠印社出版社,2013年。

11. 温春香:《文化表述与族群认同——新文化史视野下的赣闽粤毗邻区族群研究》,北京:中国社会科学出版社,2015年。

12. (意)安东尼奥·葛兰西著;曹雷雨,姜丽,张跣译:《狱中札记》,郑州:河南大学出版社,2016年。

13. 肖如平:《民国时期的保甲与乡村社会治理——以浙江龙泉县为中心的分析》,北京:社会科学文献出版社,2017年。

14. 刘永华:《礼仪下乡:明代以降闽西四保的礼仪变革与社会转型》,北京:生活·读书·新知三联书店,2019年。

(六)论文

1. 刘敏:《清代农业和加工业中的商业资本》,《厦门大学学报(哲学社会科学版)》1985年第S1期。

2. 朱上智、沈士庆、吴春娟:《漫话香菇》,《庆元文史》第4期,1985年。

3. 庆云:《菇行见闻》,《庆元文史》编辑部:《庆元文史》第7期,1986年。

4. 刘秀生:《清代闽浙赣皖的棚民经济》,《中国社会经济史研究》1988年第1期。

5. 蠢老:《谈谈吴三公传说》,《庆元纵横》编辑部编:《庆元纵横》

第 4 期，1989 年。

6. 东方白：《菇神吴三公》，政协庆元县文史资料研究委员会：《庆元纵横》第 6 期，1990 年。

7. 叶显恩：《明清广东蛋民的生活习俗与地缘关系》，《中国社会经济史研究》1991 年第 1 期。

8. 陈士瑜：《中国方志中所见古代菌类栽培史料》，《中国科技史料》1992 年第 3 期。

9. 可聪：《吴三公祖家在龙岩，生长在西洋》，《庆元纵横》编辑部编：《庆元纵横》第 12 期，1993 年。

10. 征史、张乃权：《国民党龙泉县党部概况》，中国人民政治协商会议浙江省龙泉县委员会文史资料研究委员会编：《龙泉文史资料》第 4 辑，1986 年。

11. 贾二强：《说五显灵官与华光天王》，《中国典籍与文化》2002 年第 3 期。

12. 刘传标：《闽江流域疍民的文化习俗形态》，《福建论坛（经济社会版）》2003 年第 9 期。

13. 万建中：《传说记忆与族群认同——以盘瓠传说为考察对象》，《广西民族学院学报（哲学社会科学版）》2004 年第 1 期。

14. 萧凤霞、刘志伟：《宗族、市场、盗寇与蛋民——明以后珠江三角洲的族群与社会》，《中国社会经济史研究》2004 年第 3 期。

15. 黄向春：《"畲/汉"边界的流动与历史记忆的重构——以东南地方文献中的"蛮獠—畲"叙事为例》，《学术月刊》2009 年第 6 期。

16. 万志英：《财富的法术——江南社会史上的五通神》，刘永华主编：《中国社会文化史读本》，北京：北京大学出版社，2011 年。

17. 杨培娜：《明代中后期渔课征纳制度变革与闽粤海界圈占》，《学术研究》2012 年第 9 期。

18. 李维贤、陈卫华:《明至民国时期广东蓝靛植物的种植状况》,《中国农史》2013年第6期。

19. 姚德泽、甘长飞:《明陆容〈菽园杂记〉香菇引文出自明初版〈龙泉县志〉之考》,《食用药菌》2014年第3期。

20. 梁诸英:《清代徽州玉米经济新探:以文书资料为中心》,《安徽大学学报(哲学社会科学版)》2014年第6期。

21. 陈金凤:《宋代婺源五显信仰的流变及其相关问题》,《地方文化研究》2014年第6期。

22. 罗士杰:《移民与地方神:以"菇神吴三公"分香台中新社的故事为例》,袁丁主编:《近代以来亚洲移民与海洋社会》,广州:广东人民出版社,2014年。

23. 吴珍珍:《浙南庆元县域菇神崇拜现象及其历史文化特征浅析》,《史志学刊》2014年第5期。

24. 贾身茂:《"砍花"一词的历史渊源及其演变过程》,《食用药菌》2019年第4期。

25. 王丹:《民族历史记忆与文化建构:以陕西省岐山县安乐蓝氏为中心的考察》,《西北民族论丛》2020年第1期。

图书在版编目（CIP）数据

晚清以来浙南三县菇民身份意识的演变 / 史文韬著. -- 杭州：西泠印社出版社，2022.11
ISBN 978-7-5508-3890-1

Ⅰ. ①晚… Ⅱ. ①史… Ⅲ. ①香菇－蔬菜业－农业史－研究－浙江－清后期 Ⅳ. ①F326.13

中国版本图书馆CIP数据核字(2022)第208435号

晚清以来浙南三县菇民身份意识的演变

史文韬 著

出 品 人	江　吟
责任编辑	伍　佳
责任出版	李　兵
责任校对	曹　卓
装帧设计	王　欣
出版发行	西泠印社出版社

（杭州市西湖文化广场32号5楼　邮政编码　310014）

经　　销	全国新华书店
制　　版	杭州美虹电脑设计有限公司
印　　刷	浙江海虹彩色印务有限公司
开　　本	889mm×1194mm　1/32
字　　数	180千
印　　张	6.875
印　　数	001—600
书　　号	ISBN 978-7-5508-3890-1
版　　次	2022年11月第1版　第1次印刷
定　　价	48.00元

版权所有　翻印必究　印制差错　负责调换
西泠印社出版社发行部联系方式：（0571）87243079